关 怀 现 实 ， 沟 通 学 术 与 大 众

希望的力量

The Power of Hope

Carol Graham

How the Science of
Well-Being
Can Save Us from
Despair

［美］卡罗尔·格雷厄姆 著

祁涵 译

广东人民出版社
· 广州 ·

图书在版编目（CIP）数据

希望的力量 /（美）卡罗尔·格雷厄姆著；祁涵译.
广州：广东人民出版社，2025.1. —（万有引力书系）.
ISBN 978-7-218-17897-4

Ⅰ. F061.4
中国国家版本馆 CIP 数据核字第 2024VS8524 号

著作权合同登记号：图字19-2024-209号

Copyright notice exactly as in Proprietor's edition. All rights reserved. No part of this book may be reproduced or transmitted in any form or by any means, electronic or mechanical, including photocopying, recording or by any information storage and retrieval system, without permission in writing from the Publisher.

XIWANG DE LILIANG
希望的力量
［美］卡罗尔·格雷厄姆 著 祁涵 译　　版权所有 翻印必究

出 版 人：肖风华

书系主编：施　勇　钱　丰
责任编辑：罗凯欣
营销编辑：常同同　张静智
责任技编：吴彦斌

出版发行：广东人民出版社
地　　址：广州市越秀区大沙头四马路10号（邮政编码：510199）
电　　话：（020）85716809（总编室）
传　　真：（020）83289585
网　　址：http://www.gdpph.com
印　　刷：广州市岭美文化科技有限公司
开　　本：889毫米×1194毫米　1/32
印　　张：7.125　　字　　数：150千
版　　次：2025年1月第1版
印　　次：2025年1月第1次印刷
定　　价：68.00元

如发现印装质量问题，影响阅读，请与出版社（020-85716849）联系调换。
售书热线：（020）87716172

献给亚历山大、安娜和阿德里安，他们不仅是我希望的源泉，也在帮助我实现这些希望，因为他们每个人都在以自己的方式努力让世界变得更美好。

目 录

前　言 ··· 1

致　谢 ··· 6

第一章　简　介 ··· 9
本书的目标 ··· 14
本书指南 ·· 26

第二章　希望、基因、环境和大脑
　　　　——我们知道什么和不知道什么 ············ 30
关于希望的文献 ··· 35
种族、文化和人口之间的差异 ··························· 39
更多关于美国黑人的希望悖论 ··························· 45

基因和大脑 51
缺乏希望的巨大代价 56
关于绝望的神经科学 60
结论和后续步骤 61

第三章　希望和意愿会带来更好的结果吗？ 64
来自秘鲁青少年的纵向调查 64
意愿及其决定因素 67
研究方法 71
　　研究背景 71
　　度量 73
　　统计分析 76
结果 77
　　基本社会人口统计学和流失的分析 77
　　青少年期望未来做什么？ 80
　　意愿会随着时间而改变吗？ 82
　　乐观主义者会错误预测自己的未来吗？ 84
　　意愿和人格特质相关吗？ 84
　　高意愿会带来更好的人力资本成果吗？ 87
结论 91

第四章 对未来抱有不同愿景的年轻人 ········ 96
对密苏里州调查的思考 ········ 98
回答的模式 ········ 100
韧性和希望破灭的故事 ········ 103
为什么对未来的愿景如此不同？ ········ 107
结论 ········ 114

第五章 失去希望的人群和地方能否重拾希望？ ········ 118
幸福干预措施 ········ 127
心理健康支持的新形式 ········ 133
公私合作伙伴关系 ········ 137
结论 ········ 140

第六章 我们能使美国重拾希望吗？ ········ 143

附录 A 统计分析 ········ 154
附录 B "思考未来"调查 ········ 173
参考文献 ········ 203

前　言

这本书是我二十年来参与经济和政策领域幸福研究的经验结晶。与此同时，这本书也反映了我对美国所面临的严峻挑战的担忧，美国是世界上最富有的国家之一，但也是世界上最分裂的国家之一。二十年来，我一直积极为日益成熟和前景广阔的幸福科学（science of well-being）做贡献，特别关注它对经济和公共政策的贡献，我也意识到了不同领域之间的分歧，美国的这种分歧日益加剧。这些分歧存在于富人和穷人之间、种族群体之间、政党之间以及社会的不同部门之间。

长期以来，我对公众和政界对跨种族和社会经济领域机会差距日益扩大以及其他分歧缺乏关注感到困惑。我在最近的著作《所有人的幸福？美国梦追求中的不平等希望和生活》（*Happiness for All? Unequal Hopes and Lives in Pursuit of the American Dream*）中探讨了这些分歧如何反映在我们社会幸福的差异上，以及它们如何体现在不同程度的希望和绝望中。在我看来，相较于听到基尼系数增加到0.437（尽管这个数字反映出美国——所谓的机遇之地——正进入世界上最不平等国家的行列）①，人们在得知希望的不平等时会产生更多的共鸣。

毫不意外，我最初的研究发现，富人和穷人在许多不同的幸福指标上存在高度不平等，从生活满意度到压力，再到相信努力工作可以让个人获得成功。更重要和更令人惊讶的是，最突出的标志不是幸福，而是对未来的希望。这种不平等不仅体现于富人和穷人之间（美国的情况比拉丁美洲更严重），而且体现于种族之间。相较于其他低收入群体，美国黑人是迄今为止最乐观的群体，其与白人的差距最大［从那时起我就和我出色的合著者塞尔吉奥·平托（Sergio Pinto）一直在研究这一问题］。

我在2015年年中就发现了这些情况——当时我们还不知道绝望死亡危机。当安妮·凯斯（Anne Case）和安格斯·迪顿（Angus Deaton）在2015年首次发表记录这些死亡的研究成果时，我意识到我所发现的幸福模式与实际死亡率相匹配，并且幸福指标可能是一种跟踪工具，甚至是一种预防性工具。我还与凯尔西·奥康纳（Kelsey O'Connor）一起深入研究了乐观主义的历史趋势，我们发现在20世纪70年代末，当制造业首次萎缩时，受教育程度为大学以下的白人的绝望情绪开始增加。随着性别权利

---

① 这是基于美国国会预算办公室2018年税后数据的最新估计，从1979年的0.352增加到目前水平；税前数字要高得多。感谢加里·伯特利斯（Gary Burtless）澄清了税前和税后的区别。（如没有特别标注，本书脚注均为原书注解）

和公民权利的改善,女性和美国黑人的乐观情绪呈上升趋势。(2019)

从那时起,我就专注于我们可以从日益发展的幸福科学中学到什么,以对抗绝望,并创建以幸福指标作为跟踪工具的机制。我在这方面做出颇多努力,感谢许多优秀的同事,所有的道路都指向同一个目标,即促使那些失去希望的人们重拾希望。也许就像堂吉诃德与风车搏斗一样,在这本书中,我的目标是让那些一开始不相信的人——经济学家、政策制定者和流行病学家等——相信希望与多种结果相关,以至于我们应该定期衡量它,并将其纳入我们的统计数据和研究工作中。

我当然没有说服所有怀疑论者,但人们对于幸福科学的关注度日益提升。其他国家也取得了一些相关的进展,例如,自2012年,英国将幸福指标纳入国家统计数据,最近又将减少幸福不平等作为其升级(Leveling Up)倡议计划的框架目标。与此同时,新西兰现在以幸福为框架来确定其预算和政策优先事项。一些进展也反映在美国主流基金会的工作中,例如美国最大的健康研究资助机构罗伯特·伍德·约翰逊基金会(Robert Wood Johnson Foundation),该基金会现在通常为幸福和希望研究提供资助(包括我自己的研究)。与此同时,国家艺术基金会(National Endowment for the Arts)正在资助以艺术恢复社区希望和幸福的研究。一些进展也体现在全国各地从业者的不懈努力中,他们每天都在努力让绝望情绪蔓延和衰落的社区重拾希望。我学到了很多东西，并为认识这些努力的人而感到自豪。

同样重要的是，我的（也许是固执的）个人信念驱使着我，即我们不能让希望在美国消失。我出生在秘鲁，从小往返于秘鲁和美国，很早就开始学习希望方面的知识。这种学习主要是观察我父亲和他在营养研究所开展的工作。我父亲创立了这个研究所，专注于儿童营养不良的研究，研究发现极端贫困可能对人们的生活产生深远的影响。同时，我也感受到了许多穷人在面对严峻的挑战时所表现出的非凡的韧性。在我生命的最初几十年里，往返于两国之间时，包括在秘鲁遭受恶性通货膨胀困扰的时候，我曾认为美国是民主的灯塔，拥有稳定的社会体系。

然而在过去的二十年里，我想知道为什么世界上最富裕的国家之一存在如此多的绝望和对社会的不信任，以及为什么拉丁美洲的穷人在面对持续的挑战时仍然保持着希望和韧性。还有一个问题是，为什么贫困少数族裔——传统上面临歧视和不公正——比贫困白人对未来更抱有希望。我不能说我知道所有答案，但我认为我获得了一些答案，以及一些经验——希望和韧性可以跨越国界和人群。我还越来越相信，尤其是因为新冠疫情给全世界的人的心理健康和幸福带来了挑战，现在是时候调整我们的公共政策目标，从单纯的经济进步转向社会幸福了。我们现在拥有有效的衡量方法和充足的政策经验来做到这一点。

本书总结了我们从关于希望和幸福的实证研究中所了解到的知识；这也是对当前紧迫情形的警告。我不仅对当下人们的绝望情绪感到担忧,我还担心子孙后代会产生绝望情绪,他们既无法追求能赚钱和有意义的工作,也无法为自己和他们的孩子创造更美好的未来。当前的危机威胁着我们健康和幸福、我们的社会,甚至我们的国家安全。失去希望是造成这个局面的重要原因,我们必须找到解决办法。

致　谢

如果没有许多同事、导师和朋友的帮助和启发,我根本无法想象这本书要如何出版。毫无疑问,对于经济学家来说,写一篇关于希望的论文,然后将这篇论文拓展为一整本书,只用一些计量经济学实证分析来论证这个主题很重要,并且证明关键变量可以带来好处,是一项充满冒险的事业。我就是这么做的。如果没有那些我追随的巨人给予我的信心,我不可能做到这一点。其中包括乔治·阿克洛夫(George Akerlof)、理查德·伊斯特林(Richard Easterlin)、丹尼·卡内曼(Danny Kahneman)、理查德·莱亚德(Richard Layard)、格斯·奥唐纳(Gus O'Donnell)和安德鲁·奥斯瓦尔德(Andrew Oswald)等。如果没有对其他人的理智(但并非无情)的批评,我也不可能做到这一点,例如亨利·亚伦(Henry Aaron)、艾伦·安杰尔(Alan Angell)、加里·伯特利斯(Gary Burtless)、安格斯·迪顿(Angus Deaton)、史蒂文·杜劳夫(Steven Durlauf,他对青少年意愿的研究为我提供了较大的帮助)、贝尔·索希尔(Belle Sawhill)、佩顿·扬(Peyton Young)和已故的艾丽斯·里夫林(Alice Rivlin)。

我还从许多优秀的同事那里得到启发，例如丹尼·巴哈尔（Dany Bahar）、丹尼·布兰奇弗劳尔（Danny Blanchflower）、玛丽·布兰肯希普（Mary Blankenship）、安妮塔·钱德拉（Anita Chandra）、苏米亚·查托帕迪亚雅（Soumya Chattopadhyay）、安德鲁·克拉克（Andrew Clark）、凯末尔·德尔维（Kemal Dervis）、埃米莉·多布森（Emily Dobson）、简·伊曼纽尔·德·内夫（Jan Emmanuel de Neve）、哈里斯·艾尔（Harris Eyre）、迈克尔·格林斯坦–韦斯（Michal Grinstein-Weiss）、罗斯·哈蒙德（Ross Hammond）、南希·海伊（Nancy Hey）、菲奥娜·希尔（Fiona Hill）、霍米·哈拉斯（Homi Kharas）、爱德华·劳勒（Edward Lawlor）、凯尔西·奥康纳、塞尔吉奥·平托、尼克·波德萨维（Nick Powdthavee）、乔纳森·劳赫（Jonathan Rauch）、理查德·里夫斯（Richard Reeves）和朱莉·腊斯克（Julie Rusk）。我还得到了来自詹姆斯·库恩–哈特（James Kuhn-hardt）、蒂姆·华（Tim Hua）、阿尼·班纳吉（Ani Bannerjee）和安德鲁·扎汉（Andrew Zarhan）的杰出研究，与他们一起工作也很有趣。我还要感谢布鲁金斯学会的一些同事，包括戴维·巴特切克（David Batcheck）、梅雷尔·塔克–普林达尔（Merrell Tuck-Prindahl）、卜拉希玛·库利贝（Brahima Coulibay）、埃丝特·罗森（Esther Rosen）和塞巴斯蒂安·施特劳斯（Sebastian Strauss）。

我还得到了罗伯特·伍德·约翰逊基金会的卡罗比·阿查里雅（Karobi Acharya）、阿隆索·普拉夫（Alonso Plough）和保罗·塔里尼（Paul Tarini）的大力支持——无论是经济上还是智力上的支持；我还得到了幸福信托（Wellbeing Trust）的本·米勒（Ben Miller）、梅多斯心理健康研究所（Meadows Mental Health Institute）的安迪·凯勒（Andy Keller）、国家艺术基金会的苏尼尔·延加（Sunil Iyengar）的帮助。连任两届的杰出的布鲁金斯学会主席——斯特罗布·塔尔博特（Strobe Talbott）和约翰·艾伦（John Allen）为我提供了资源和信心来进行研究，这项研究最初被认为是疯狂的，但现在至少被一些人认为是必要的。我很感谢他们所有人。

我还要感谢普林斯顿大学出版社的优秀团队，特别是乔·杰克逊（Joe Jackson）、乔什·德雷克（Josh Drake）、詹姆斯·施奈德（James Schneider）、纳塔莉·巴恩（Natalie Baan）和利娅·考德威尔（Leah Caldwell）。我也感谢两位审稿人提出的有益评论。

最后，我感谢我三位优秀的孩子亚历山大（Alexander）、安娜（Anna）和阿德里安（Adrian）给予我的支持和耐心，他们理解我想努力让世界变得更美好的决心（尽管很难成功），现在他们已经开始追求自己的梦想。一位是即使收入微薄，难以维持生计，但也希望在这个时代成为一名敬业的记者；一位背负着医学院的债务，以追求她对公共卫生的热爱；一位正在成为一名注册会计师的道路上前行，这样他就可以资助我们其余的人实现梦想！我为他们感到骄傲，也非常感谢他们让我对下一代充满希望。他们证明了为何希望如此重要。

第一章

简　介

我们的使命是站在希望之门前，而不是谨慎的乐观之门前，乐观之门稍微狭窄一些。希望之门不是人们以为的坚固的常识之门；不是因人们愤怒地摩擦铰链而发出刺耳声音的大门（人们在那里听不到我们的声音，因为他们无法通过这扇门）；也不是相信"一切都会好起来"这种让人愉悦但（实际上是）脆弱的信念的花园大门。希望之门是一个孤独但可以真实地讲述你的灵魂的地方，在这个地方你可以看到世界真实和充满可能性的一面，又可以看到未来；在这里，人们不仅可以看到奋斗，还能看到奋斗带来的喜悦。我们站在希望之门前，告诉人们我们看到的，并询问他们看到了什么。

——维多利亚·萨福德（Victoria Safford）[1]，《走向黎明》（*Walking Toward Morning*）和《有蜡烛与否》（*With or Without Candlelight*）的作者

---

① 萨福德（2004）。经维多利亚·萨福德许可转载。

希望是经济学中一个很少被研究的概念，但它很重要。正如上面这首诗歌所指出的，它比关注可预见的未来的乐观主义更加开放。这是一种更深层次的情感，与先天的人格特质相互作用。尽管如此，仍有许多问题没有得到解答。希望在一定程度上是由基因决定的，因此是一种持久的特质，它能够抵抗负面冲击吗？我想起了上面的"奋斗带来的喜悦"这句话。或者，就像五大人格特质一样，它是否会随着时间的推移而具有更强的可塑性？希望与意愿相关，而意愿与具体目标联系在一起。希望是更崇高的概念，是比具体意愿所追求的更广泛、更不明确的目标。当意愿没有得到满足时，希望会被削弱吗？

为什么要写一本关于希望和绝望的书，而不仅仅是其中之一呢？没有希望不是绝望的完整定义，没有绝望也不是希望的完整定义，它们有着错综复杂的联系。心理学和精神病学文献中对这两者都有精确的定义。我以此为基础，强调能动性[1]（包括韧性）是希望不可或缺的一部分[2]。作为一名学者，我认为厘清这些定义很重要。作为美国社会的一员，我越来越担心美国的绝望程度可能会破坏美国的社会、公共卫生，甚至社会体制。

---

[1] 在心理学和经济学的交叉领域，能动性指个体的心理特质、动机、情绪和认识过程对个体的经济行为有能动性作用。——译注

[2] 正如亚历山大·蒲柏（Alexander Pope）的《论人》（An Essay on Man，1733）中的"希望在人类胸中永恒涌现"的例子一样。

我们所知道的是，希望对未来的结果很重要。我写这本书是基于我从对希望与未来结果的联系及其发生路径的研究中学到的东西（格雷厄姆等，2004；格雷厄姆和平托，2019；奥康纳和格雷厄姆，2019）。我们知道，希望在很大程度上是一种积极的特质，可以帮助个人应对甚至欣赏生活中的挑战。对于那些缺乏手段和优势来应对这些挑战的人来说，希望尤其重要。

事实上，我最显著但违反直觉的发现之一是，最弱势群体往往比更有特权的群体更有希望和韧性，例如二十多年前我在秘鲁发现的快乐的农民和沮丧的成就者［格雷厄姆和佩蒂纳托（Pettinato），2002］。最近我的发现是，与美国低收入白人的绝望情绪相比，低收入美国黑人的乐观程度更高（格雷厄姆和平托，2019）。目前尚不清楚这些情况是乐观还是希望导致的，但对各个人群的韧性以及最近对后者长期追踪的一些研究表明，这更有可能是希望而不是乐观。

希望是精神障碍康复概念的核心。卡尔·门宁格（Karl Menninger，1995）认为希望是精神病学专业不可或缺的一部分——对于触发治疗性变化、增强学习和改善个人幸福的意愿非常重要。精神病学文献至少提供了三个理由来解释为什么希望是心理健康实践中的一个重要变量。首先，它既是恢复过程的触发因素，也是维持因素；其次，它是韧性概念的核心；最后，它是人类适应环境和心理治疗中促进患者改变的核心，患者和治疗师一致认为它是心理治疗的关键因素。[1]然而,这个概念本身及其临床和研究意义在精神病学领域很少受到关注,在这个领域,希望存在与否可能会产生特别深远的影响。[2]

我不是精神病学家或心理学家,我还有很多东西要学。我是从一位研究幸福的经济学家的角度出发的,研究发现幸福包含希望和绝望这两个极端的概念。在将近年来美国的绝望和相关死亡情况,与我早期关于贫困地区穷人的幸福、希望和韧性的研究进行比较时,我越来越意识到缺乏希望是美国的一个主要问题。虽然这种情况并不适用于所有人,但缺乏希望是美国日益增长的明显绝望的人群的特征。世界上最富有的国家为何如此绝望?我们缺少什么?

当下美国的绝望情绪是振兴劳动力市场和发展生产力的障碍。它危及我们的幸福、寿命、家庭和社区,甚至国家安全。尽管新冠疫情带来了冲击,但它只是加剧了本已日益严重的绝望问题。

这种绝望部分源于白人工人阶级的衰落。它导致美国的地理流动性下降,并产生政治溢出效应,例如最近极右翼激进主义的滋长。与此同时,其他人群也由于不同原因而遭受苦难。例如,在过去几年中,少数族裔青年的自杀率有所上升,2019—2020

---

[1] 参见邦尼(Bonney,2008);翁等(Ong et al.,2006);海斯(Hayes,2007);施兰克等(Schrank et al.,2008)。

[2] 施兰克等(2011)。

年，生活在城市的黑人男性过量吸毒率有所提高（起点低于白人，但增速更快）。这在很大程度上是由于引入了芬太尼[①]（一种致命的阿片类衍生物），但也有部分原因是由于受新冠疫情冲击，人们的焦虑率上升。

存在许多潜在的长期问题：失业和/或劳动力流失；吸毒成瘾；健康状况不佳；缺乏足够的安全网和人们负担得起的医疗服务；针对快速变化的劳动力市场的教育资源不足。所有这些都是政策问题，都有可行的解决方案，但在我看来，没有希望就无法解决这些问题。未能解决的绝望情绪体现在因绝望而死亡的人数不断上升，劳动力流失率高企，以及分裂和激进的政治。

令人绝望的原因之一是在美国"失败"的代价是如此之高。令人望而却步的医疗保健费用，以及失业率处于历史最高水平，这些都是人们在面对失败时希望破灭的关键因素。受访者对于绝望的感受中描述了许多对自己的生或死的矛盾感。这种困境会增加个体的冒险行为，例如危及健康和寿命的行为。[②]在面临艰难的选择和变革时，整个社区的人都感觉到无助。他们常常陷入两个世界：一个是曾经有意义的旧方式正在消失，另一个是在缺乏支持的情况下，成功所需的变革似乎是不可能的。死亡（缓慢或快速的）成为止痛的最简单选择。吸毒和自杀是这种现象的内在

[①] 芬太尼是一种强效的镇痛类阿片药物，长期服用可能会导致身体和心理的依赖。——译注

[②] 感谢南希·埃对这个主题的想法。

表现，而痛苦、沮丧和愤怒——这些现象普遍存在时会影响社会安定——是外在表现。

我研究的一个基本问题是，是否可以让已经失去希望的人群重拾希望。这对于下一代来说尤其重要。那些已经陷入绝望的孩子们需要重拾希望，避免重蹈父母的覆辙。

在中低技能就业领域及劳动力市场迅速变化的背景下，仅靠传统的高中教育，人们已无法过上体面的生活或拥有稳定的工作。尽管大学教育以外的某些教育选择可以帮助人们在未来的劳动力市场上找到一份体面的工作，但如果没有希望——也没有能够支持这种希望和指明方向的导师——下一代的许多人最终将缺乏必要的技能。我对密苏里州低收入青少年的调查（在第四章中详细讨论）使这一悲惨的现实变得更加清晰。了解如何为这些人群带来希望，让他们相信并投资自己的未来，是避免下一代陷入绝望的关键。

本书的目标

对于经济学家来说，这是一个不寻常的话题，而我的研究从定义上来说是探索性的。我试图扩展既定参数，并结合使用大样本调查数据的计量经济学分析以及深入实地调查。我还参考了其他学科，尤其是心理学的研究成果。不过，我写这本书的目的是展示将希望纳入经济分析（包括幸福分析）的潜在好处。虽然这是一个相对未知的领域，但实证的证据表明希望可以改善人们的生活，而绝望可以摧毁人们的生活，这些证据足够有力，值得进行更深入的探索。

这方面的研究仍有许多未能解答的问题。例如，什么导致了什么？与先天幸福水平相关的基因（例如5-HTTLPR[①]血清素转运基因）是否也与希望相关？希望是否会促使个体与环境形成更积极的互动，就像那些血清素递质水平较高的人会更积极地与他人互动一样，从而支持该基因的代代相传？[②]这些社会心理特质的持久性如何？它们是否能够抵御个体遭遇的负面冲击？它们是否像智商一样在成年后一直稳定，还是像五大人格特质一样可以随着年龄增长而改变？[③]尽管我们距离回答这些问题还很远，但我们初步的研究结果是具有启发性的。

我还从我们和其他人的研究中了解到，文化和社区影响在某些人群中的希望感中持续存在并发挥作用。在美国，黑人比其他种族更加乐观，尤其是低收入黑人，他们与低收入白人相比差距尤其大。德内夫及其同事（2012）还发现，美国黑人的血清素

[①] "5-HTTLPR"是与情感功能相关的基因，与多种心理健康状况有关，包括抑郁症、焦虑症和应激障碍等。——译注

[②] 德内夫等（De Neve et al., 2012）。

[③] 参见博尔汉斯等（Borghans et al., 2008）；本杰明等（Benjamin et al., 2012）；赫克曼和考茨（Heckman and Kautz, 2012）。

转运基因（5-HTTLPR）功能多态性水平高于白人、拉丁裔及亚裔。同一项研究还发现，5-HTTLPR可以预防压力导致的抑郁，这可能有助于解释为何某一群体具有非凡的恢复能力。虽然这些发现是新的并且有待进一步验证，但它们可能是答案的一部分。

我们最近的研究发现，即使在新冠疫情期间，美国黑人的乐观精神和韧性，以及与其他群体相比的差距，受到的影响并不成比例。我们的调查研究（以及其他一些调查研究）还发现，与低收入白人相比，美国黑人更有可能相信高等教育的价值，尽管他们通常更难实现（接受高等教育）这一目标。

与此同时，拉丁裔美国人普遍比与其收入水平相似的其他地区的受访者更加快乐和乐观，在控制了许多其他潜在的混杂影响（例如宗教、犯罪率和不平等因素）后，这些特质仍然存在。我们对低收入社区的秘鲁年轻人进行调查发现，他们有着令人诧异的高水平的希望感和接受教育的意愿，这使得他们在教育、卫生和社会领域有更好的未来。①

虽然对特定人群和/或种族进行概括是困难的，而且往往不准确，但驱动因素是这两个群体的高水平的希望，以及它与一个人克服障碍（例如歧视）和改变自己的处境的决心之间的紧密联系。因此，它还是一个包括能动性和韧性的概念。

另一个问题是希望（和乐观主义）是否总是好的。一方面，

---

① 第3章以及格雷厄姆和鲁伊斯-波苏埃洛（Ruiz-Pozuelo）（2022）对此进行了详细讨论。

希望和韧性是应对逆境的重要工具。某些幸福标志，例如面对极度贫困时的保持高度愉悦和日常幸福，可能有助于保持心理健康。但另一方面，这些品质与低期望值和难以适应的不良制度安排及条件有关，例如高度歧视、高犯罪率和腐败率。[1]我们可以通过实证检验这一点吗？

与这个问题相关的问题是长期的希望以及相关的意愿是否与原始的乐观主义不同。虽然这是一个很难回答的问题，但我们已尽我们所能对其进行了探索。那些表现出高度乐观情绪的低收入美国黑人受访者也表示，他们对自己的财务状况和所居住的城市的满意度较低，结果表明这并不是"盲目乐观"效应。与此同时，在秘鲁的调查中，我们在年轻的成年受访者中测试了三种不同类型的意愿——教育、职业和迁移（迁移到有更好的机会的地方），发现希望和意愿的运作方式与乐观主义的运作方式不同，这反映了自尊、不耐烦（impatience）和参与危险行为的倾向等特质的差异。原始乐观情绪与我们的衡量结果之间的关联性不强。下一章讨论的其他一些学者的工作证实了这些发现。

我们还利用秘鲁研究的纵向性质来探究三年期间个人的意愿如何持续，我们的受访者年龄为18—21岁。虽然时间相对较短，但它也是一个变化的时期，青少年正向成年人角色过渡，并做出许多可能永久影响他们未来的关键选择。

---

[1] 格雷厄姆（2011）。

我们发现，意愿确实具有"粘性"，并且具有强烈意愿的受访者有望在第二轮调查中实现他们的教育目标。最后，除了探索意愿如何随人格特质而变化外，我们拥有关于他们的童年经历和家庭特征（包括他们与父母的关系）的大量信息，并探究这些信息如何影响他们对未来的希望。

这项希望研究的框架是幸福经济学（economics of well-being），这是我很早就投身研究的领域。它已经从对个人和社会幸福决定因素的研究发展成为一门更复杂的科学，它融合了包括生物科学在内的多个学科的方法，并重在探索先天特质和环境与幸福（well-being）的相互作用。我们现在衡量幸福的几个不同维度，从经验/享乐幸福（瞬间）到评价性幸福（整个生命历程），再到幸福（生命的意义和目的）。越来越多的研究除了关注什么促使人们获得幸福之外，还探讨了幸福感的影响。[1]

我们衡量希望的经验较少。在很大程度上，我们依赖于大样本调查中的可用数据，例如盖洛普数据（Gallup data）。[2]在盖洛普数据中，有一项是坎特里尔生活阶梯（Cantril Ladder of Life）[3]

---

[1] 格雷厄姆、埃格斯（Eggers）和苏赫坦卡（Sukhtankar）（2004）；德内夫（De Neve）和奥斯瓦尔德（Oswald）（2012）。第二章回顾了更多关于幸福的文献。

[2] 我以一名（无薪）高级科学家的身份获得了盖洛普的数据。

[3] 坎特里尔生活阶梯是心理学和社会学研究中使用的一种量表，用于评估个体对当前生活状况的满意度以及对未来的期望和目标，这个量表由哈德利·坎特里尔（Hadley Cantril）在1965年提出。——译注

问题，该问题要求受访者将他们的生活与他们可能的最佳生活进行比较。该问题让受访者将生活状态划分为一个十一级的阶梯（评估他们当前的生活状态在这个梯子上的位置）。然后，受访者被要求将他们预期五年后的生活状态置于同一阶梯上评估。虽然这可能不是一个完美的问题，但它似乎抓住了希望的两个要素：相信事情在未来会变好，以及有能力为未来做点什么。第一个要素是问题的一部分，第二要素就像我们的研究结果表明，在未来阶梯上得分较高的人往往在受访后的几年里表现得更好。虽然这可能是出于现实的期望，但这并不能解释低收入美国黑人等贫困人口（在未来阶梯上）的高分。

其他关于希望的问题只是询问受访者是否对未来充满希望，即使不完全相同，也有类似的回答范围。对未来是否充满希望也经常出现在一系列问题中，以了解青少年是否抑郁，例如流行病学研究中心的抑郁量表，询问受访者是否一直对未来充满希望，通常（回答是）"有时候"或者"从不"。尽管问题存在差异，但受访者对未来行为的回答模式是类似的。事实上，在对秘鲁和密苏里州低收入青少年的调查中，我们纳入了两种不同的关于希望的问题[①]并发现两者的回答模式相似。

我最近的研究探索了幸福和幸福不平等如何以及为何对个

[①] 坎特里尔生活阶梯问题和阿布勒等（Abler et al., 2017）为南非青少年开发的十二项量表。

人结果产生重要影响，以及低幸福水平（尤其是缺乏希望）的后果。这项工作最初是由我在秘鲁和其他发展中国家工作的经历触发的，我每次回国后都注意到，美国的贫困人群似乎比那些生活在物质上更加匮乏的地方的人群更加绝望。这似乎源于我们收入和机会的不平等程度越来越高。美国梦包括强烈的个人职业道德、对高度不平等的容忍，以及经常使穷人和落后者蒙受耻辱。

我开始了我的实证探索，除了对收入和机会进行比较，我还比较了美国富人和穷人的幸福水平。我的研究结果很显著，比如说，美国的富人和穷人在压力和微笑方面的差距是拉丁美洲的两倍，其中美国穷人是四个群体中最不可能微笑的群体，也是最有可能承受压力的群体。在相信努力工作的信念方面，美国穷人和富人之间的差距比拉丁美洲大得多，拉丁美洲人认为他们没有显著的收入差异（格雷厄姆，2017）。

我更深入地研究了美国不同收入群体的差异，重点关注贫困群体。我们意识到未受过大学教育的白人会因绝望而死亡。在坎特里尔生活阶梯上，贫穷的黑人的乐观程度是贫穷的白人的三倍，拉丁裔美国人则介于两者之间。贫穷的黑人在某一天感到压力的可能性也只有贫穷的白人的一半，而且感到疼痛的可能性更低。鉴于前者的客观条件要糟糕得多，研究结果既反映了现实，也反映了黑人的韧性。这些结果并不是报告或规模偏差造成的，因为同样的低收入黑人受访者关于财务状况和生活条件的自我评估比白人更糟糕。

我探究了这些差异的历史和文化基础。社区的作用是少数群体韧性故事的重要组成部分。浸信会教堂倾向于强调集体而不是个人，是许多美国黑人社区的重要组成部分。大家庭和天主教堂对于拉丁裔群体来说也发挥着类似的作用。许多社区都是建立在共情的基础上的，因为少数群体必须团结起来与歧视和不公正的制度作斗争。我们对壮年男性劳动力（25—54岁）的健康状况进行研究（壮年男性是一个阿片类药物摄入量高、客观健康指标差的绝望群体）时发现，美国黑人男性在这一群体中脱颖而出，他们以回馈社区为荣（格雷厄姆和平托，2021）。

准确衡量社区的影响力是很困难的。例如，我们发现美国黑人是最可能认为宗教在他们的生活中很重要的群体。尽管我们在回归分析中控制了宗教信仰这个变量，以确保它不会影响我们对乐观这个变量的研究，但有许多与宗教信仰相关的不可观察的变量是我们无法控制的。这些因素很可能对乐观和韧性的故事及其在更广泛的社区中传播很重要。

因绝望而死亡的数据（凯斯和迪顿，2015）显示，这种死亡现象在低收入白人中比在其他群体中更普遍。我们将数据中有关缺乏希望、压力和担忧的模式，以及来自疾病控制和预防中心（Centers for Disease Control and Prevention，CDC）关于这类死亡的县级数据进行了匹配。我们发现，我们的标记点（缺乏希望）在个人、种族和地点层面上与绝望死亡的倾向之间存在很强的关联性（格雷厄姆和平托，2019）。直到现在这些模式仍然很稳健，这证明了幸福指标作为测量社会温度的有力工具的潜力，它可以作为潜在危机的预警指标。

我们的最新研究探讨了新冠疫情对心理健康的影响以及对绝望死亡趋势的影响［在获得更新的CDC数据之前，我们使用的是紧急医疗服务（emergency medical services，EMS）急救人员数据］。我们发现服药过量和相关死亡人数几乎翻了一番，自杀死亡人数增幅较小（多布森、格雷厄姆、华和平托，2022）。[①]然而，值得注意的是，即使在新冠疫情期间，美国黑人依旧保持乐观精神和韧性。低收入美国黑人仍然是希望水平最高的群体，他们的心理健康状况比低收入的白人和拉丁裔美国人更好。[②]虽然与2019年相比，2020年少数族裔的焦虑和抑郁程度有所提升，但这种提升并没有转化为希望水平的下降。

这些希望的差异似乎转化为不同的信仰结构。例如，低收入美国黑人和拉丁裔美国人比低收入白人更有可能相信高等教育的价值。最近对美国传统黑人学院与大学的研究表明，与其他公立和私立大学的学生相比，这些学生在资源少得可怜的情况下取

[①] 这些趋势似乎令人费解，但很可能是故意服药过量导致的死亡取代了一些自杀。此外，由于老年男性（尤其是白人男性）自杀率最高，并且许多老年男性在2020年死于新冠病毒，这也可能影响了自杀率。我们的EMS数据分析与CDC于2021年7月发布的2020年死亡率初步数据的趋势密切相关。参见多布森等（Dobson，2021）。

[②] 格雷厄姆等（2022）。

得了优异的成绩，部分原因是这些黑人学院与大学在提供榜样和导师方面发挥着关键作用，这些榜样和导师有助于学生增强希望和自尊。与此同时，我们对密苏里州白人和黑人社区的低收入青少年进行调查发现，尽管以美国黑人学生为主的学校的毕业率较低，但那些毕业的学生比白人更有可能接受高等教育。

与这种希望和韧性形成鲜明对比的是，在全国范围内衰落的社区中，受教育程度为大学以下的白人中绝望和相关死亡的比例很高。这种高度的绝望在从前以制造业和矿业为中心的地区最为突出。这些社区（主要是白人）的劳动力流失率很高，通常高于全国平均水平（20%的壮年男性劳动力流失率）。

我们的研究发现，这一群体的精神和身体状况不佳，阿片类药物消费量较大。与其他劳动力群体相比，劳动力中的壮年男性在退出劳动力市场后，留在父母家中或人口普查区的比例更高，这是造成美国地理流动性下降的原因之一。[1]由于身体状况不佳，而且对未来不抱希望或缺乏意愿，这些人不太可能搬到工作地点，即使工作地点离他们相当接近。这是工人阶级衰落的最明显表现，且他们似乎很容易受到媒体操纵，以及受本土主义和种族主义信息的影响。[2]这些模式表明，要消除这场公共卫生危机，理解希望与理解绝望同样重要（这一点在我在2021年的布鲁

---

[1] 格雷厄姆和平托（2021）。
[2] 埃德萨尔（Edsall, 2021a, 2021b）。

金斯学会关于绝望和复苏的报告中有详细记录）。

需要注意的是，乐观主义者可能只是做出了错误的预测，或者是一味盲目乐观。①或者他们可能只是在适应艰苦的环境，因为他们别无选择。我早期关于贫困地区人口幸福的大部分研究表明，这是一种普遍现象——十几年前我将其称为"快乐的农民与沮丧的成就者问题"（格雷厄姆，2009）。

然而，现在有更复杂的方法使我们能够区分瞬时情绪（momentary moods）和情感（sentiments）（例如满足感），以及进行生命历程认知评估②，我们发现同一群体的分数存在巨大差异。非常贫困的人可能会报告前一种意义上的"幸福"，也许是因为他们那天见到了朋友或者吃得足够多，但当被问及他们的整体生活满意度或其他评价性问题时，同样的受访者得分低得多，这些分数准确地反映了他们缺乏选择自己想要的生活的能力。因此，"快乐的农民"可能暂时幸福，但整体生活并不幸福。这与希望不同，尽管正如我上面提到的，秘鲁贫困人口的高水平韧性、他们对教育价值的肯定，以及让孩子们过上更好的生活的信念也反映了希望的一些因素。由于这项研究于1990年进行，我们

---

① 奥德马特和施图策（Odermatt and Stutzer，2019）；施万特（Schwandt，2016）。

② 生命历程认知评估（life-course cognitive assessments）指的是个人对自己的生命经历、生活质量和生活满意度进行深入思考和评估的过程。这种评估通常涉及对过去的经历、当前的状况以及对未来的期望的反思。——译注

没有询问具体问题来探讨他们当时的希望程度，因为当时关于幸福的研究还处于早期阶段。

最近，我的研究结果——包括希望带来更好的结果和更长的寿命，以及与绝望相关的可怕结果——表明，一般而言，希望并不是一种转瞬即逝的特质，也不是对未来的错误预测；而是一种生活结果的驱动力［奥康纳和格雷厄姆，2019；格雷厄姆和鲁伊斯-波苏埃洛（Ruiz-Pozuelo），2021］。不可避免地，可能仍然存在与现实脱节的永远的乐观主义者，但他们很可能是个例而不是常态。

本书的一个关键问题是我们可以用这些知识做什么？我们能否让那些已经失去希望的人们重拾希望？乐观和坚韧人群的经验教训是否可以推广到其他人群？干预措施能否增强希望？

我们有一些证据表明答案是肯定的。例如，豪斯霍费尔和费尔（Haushofer and Fehr）发现，在非常贫困的地方进行简单的干预——例如为家庭提供像牛这样的小资产——一年后会产生更好的结果（驱动因素是希望）。（2014）霍尔、赵和沙菲尔（Hall, Zhao, and Shafir）在新泽西州特伦敦的流动厨房进行的一项实验发现，那些被引导去回忆自我感觉良好的时刻的参与者比那些没有收到提示的参与者表现更好。在这个简单的游戏设置中，被提示的参与者在游戏中的努力程度提高了。（2013）受环境影响，研究者没有提供关于其干预措施的积极影响持续时间的数据。最近，出现了一系列更广泛的幸福干预措施，如英国的幸福促进中心（What Works Centre for Wellbeing）和圣莫尼卡幸福项目（Santa Monica Well-Being Project）表明，让孤立的受访者参与社区有目的的活动中的简单活动可以对个人和社区幸福产生重大影响。

所有这些都表明有必要探索希望的因果属性，它是否具有作为一个独特的幸福维度的潜力，以及对于那些缺乏希望的人群和社区而言，是否有必要学习（如何获得）希望。

本书指南

第二章简要回顾了经济学中的幸福研究，并讨论了希望作为一个独立的、新的幸福维度的潜力。我还介绍了一些关于使用幸福指标来更好地理解绝望死亡的原因和模式的新工作（其中大部分是我自己的研究）。我以我在普林斯顿出版社出版的上一本著作《所有人的幸福？美国梦追求中的不平等希望和生活》作为起点，讨论幸福的不平等及其与美国工人阶级的急剧衰落有何关系。然后，我回顾了最近工作中的新实证证据，使用幸福指标作为追踪绝望相关死亡的工具，以及最近使用幸福干预措施改善孤立和绝望者的生活的经验，我参与了后面的许多研究。我还介绍了我们知之甚少的重要因素，例如不同种族之间社区和文化的差异（这在一定程度上解释了他们之间巨大的幸福的差距），以及一些社区和文化中的积极经验。我还回顾了一些关于希望的遗传决定因素和绝望的神经科学的新文献。

第三章总结了对秘鲁利马低收入年轻人的希望和意愿的研究。面板数据研究使我们能够探索希望如何带来更好的结果以及人格特质（在我们的数据中是持续的）与年轻人所处的经济和社区环境的相对作用。这些特质展示了不同类型的意愿（教育、职业和迁移）如何以不同方式影响行为和结果，以及父母或导师在此过程中提供的支持。我还谈到了面对负面冲击时意愿如何维持的问题。虽然我们的研究时间还不够长，无法明确回答这个问题，但我们的研究结果清楚地表明了对意愿的坚持在更好的长期结果中的作用。

第四章重点关注关于美国密苏里州圣路易斯县低收入黑人和白人社区年轻人的实地调查，密苏里州位于美国中部（与其他七个州接壤）。这些调查包括与秘鲁调查基本相同的问题，但针对美国背景和新冠疫情进行了调整。虽然在撰写本书时我们只有一轮调查，但它们提供了有关受访者及其未来愿景的广泛背景信息。我们还得到了当地学校负责人的支持，他们为我们提供了与受访者具有相同社会经济背景和种族特征的学生典型轨迹的更广泛信息，例如上述学校数据显示，黑人毕业生比白人毕业生更积极地追求高中教育。我还讨论了不同种族的父母作为导师和支持孩子的意愿方面的差异。

第五章以上面这些内容为基础，提出了一个难题：失去希望的人群和地方能否重拾希望。我认为，从贫困少数群体的希望和韧性中获得的经验可以适用于其他群体，但我也讨论了这样做所面临的挑战。我提供了有关成功干预措施的详细信息，以提高孤立者的幸福感，并阐述了使用相同方法对人们的未来前景进行更持久改变所需的额外努力。

第六章总结了研究结果，并论证了除了享乐幸福、评价性幸福和心盛幸福维度之外，建立和使用希望作为一个独特的幸福维度的重要性，因为它是改善未来结果的直接因素。我提及了一些相关的案例，即在经济学和其他社会科学的数据、分析，以及政策讨论中增加有关希望的问题。

虽然希望并不是经济学或政策讨论中的常见话题，但我们社会的高水平绝望——现在因新冠疫情冲击而加剧——引发了衡量抑郁、焦虑和其他类型疾病的新尝试。此类问题越来越多地包含在美联储、美国劳工统计局、美国卫生与公众服务部、美国疾病控制和预防中心等机构进行的调查中（我被要求审查其中许多问题）。我试图证明，更好地理解希望的决定因素——这也需要评估当前调查中的希望和不幸福（ill-being）的趋势——是应对这些趋势增加的关键。

最后，我讨论了为什么解决我们社会中的绝望并让人们重拾希望对美国的未来至关重要。绝望目前正在损害我们的健康和寿命，并阻碍我们社会生产力的发展和损害增长的潜力。解决这个问题有很多务实的办法。然而，如果没有希望，人们就不可能参与其中并重拾希望。因此，我为这个问题提供了一个不寻常的关键解决方案。虽然它类似于原始乐观主义，但它以经济学、心理学以及其他社会和医学等学科提供的工具为基础，这赋予了它额外的能动性。这些属性对于区分希望之门与谨慎的乐观之门；或坚固、无趣的常识之门；或发出刺耳声音的大门（它那尖锐的铰链嘎吱作响），或（相信）"一切都会好起来的"欢快却脆弱的花园大门来说非常重要。

第二章

希望、基因、环境和大脑
——我们知道什么和不知道什么

不抱希望的人永远不会绝望。

——萧伯纳

希望是许多演讲和学术著作的主题。美国前总统巴拉克·奥巴马的《无畏的希望》（The Audacity of Hope）和类似的与希望相关的书名多年来一直出现在书籍封面上，包括我最近出版的著作《所有人的幸福？美国梦追求中的不平等希望和生活》。

然而我们真的知道希望是什么吗？我们对希望的理解是具体的还是只是一种直觉？虽然有许多相关的定义，但对于希望为何如此重要，人们并没有形成真正的共识。与此同时，人们普遍认识到，缺乏希望是许多社会问题的根源，当然也包括当下美国所面临的问题。

现在有关于希望及其因果特性的学术文献不断涌现。我在经济学方面的研究，以及下文引用的其他一些研究发现，希望与许多人群更好的未来结果息息相关，这部分是由与希望相关的面向未来的能动性带来的。相比之下，乐观主义更开放，有时是对未来天真的乐观。

正如斯科特·巴里·考夫曼（Scott Barry Kaufman）所写，"悲剧性乐观主义"（tragic optimism）是在人类存在的不可避免的悲剧中寻找意义，对我们来说比简单地逃脱黑暗并试图"保持积极"更好（2021）。乐观是一种普遍的信念，乐观主义者认为事情会好起来；希望是一种信念，抱有希望的人们相信可以通过采取某种行动让事情变得更好。因此，存在绝望的乐观主义者和充满希望的悲观主义者［布鲁克斯（Brooks），2021］。

这些文献出现的原因之一是越来越多的证据表明，主观幸福感较强的人一生过得更好，通常寿命更长，在劳动力市场上表现得更好，并且拥有更好的社交生活。希望是幸福感的一部分；它是一种认知情绪，也是对未来生活的评估。然而，与越来越多的关于主观幸福感其他维度的研究相比，经济学中关于希望的文献很少，希望未被经济学视为幸福的一个独特维度。然而，我对它及其因果特性了解得越多，就越相信它应该作为一个单独的维度，而且它也许是生命历程意义上最关键的一个维度［有关所有维度的详细定义，请参阅斯通和麦基（Stone and Mackie），2013］。

我们最了解的主观幸福维度是评价性幸福。它通常通过生活满意度问题来获取,受访者从一般意义上评估他们的生活。世界各地的人们、国家和文化关于生活满意度的决定因素非常相似。收入很重要,不仅是因为那些赤贫者选择自己想要过的生活的能力要差得多,而且收入水平较高的人通常会出现边际效益递减的情况(也有一些异常值)。健康与收入同样重要,甚至更重要,而自由、创造力、就业和社会关系(后者具有双向因果关系,因为快乐的人更有可能交朋友和结婚)也是重要因素。在世界上大多数人中,在控制收入和健康变量的前提下,个人年龄与生活满意度呈U形关系,在中年时达到最低点,然后随着年龄的增长而上升,直到大约75岁。这个结果存在是由于选择偏差,因为快乐的人往往比不快乐的人活得更久。[1]

关于更高水平的生活满意度会带来什么影响的研究不断增加。除了寿命更长之外,幸福的人工作效率更高,不太可能做出危险行为,例如吸烟和不系安全带,并且更有可能无私地信任他人,并更有可能寻找能带来目标感和自主权,而不仅仅是收入的工作。[2]

---

[1] 有关该文献的综述,请参阅布兰奇弗劳尔和奥斯瓦尔德(Blanchflower and Oswald, 2004);克拉克(Clark, 2018);伊斯特林(Easterlin, 2021);弗雷和斯图策(Frey and Stutzer, 2002);格雷厄姆(2009)。

[2] 德内夫和奥斯瓦尔德(De Neve and Oswald, 2012);格雷厄姆等(2004);海利韦尔等(Helliwell, 2018);尼科洛娃和诺森(Nikolova and Cnossen, 2021)。

相比之下，享乐幸福反映的是瞬间情绪和日常经历，而不是认知评估。它代表从满足和微笑到压力，以及焦虑、愤怒和沮丧等各种情绪。与生活满意度不同，它不能用从零到十的一维尺度来衡量。消极情绪和积极情绪必须分开衡量，例如，满足感并不等同于压力。虽然积极的情绪和行为（例如微笑和满足）与生活满意度密切相关，但消极情绪（尤其是愤怒）却不然。[1]

享乐幸福与收入的相关性远不及与生活满意度的相关性。在到达某一点之后，更多的钱不会让你的心情更好，也不会让你更享受与朋友在一起的时光，而更多的钱可以让人们在生活中做出更多的选择，而不仅仅是满足基本的需求。此外，由于享乐幸福反映的是瞬间情绪而不是生活的机会和选择，它的因果特性较少（尽管高压与更糟糕的长期健康结果相关）。[2]

心盛幸福（Eudaimonic well-being）[3]明确地体现了亚里士多德对幸福的概念化，即拥有有目标感和意义感的生活，它与评价性幸福有类似的决定性因素，包括收入、健康和就业。所有这些因素都赋予人们选择自己想要过的生活的能力，是关键变量。然

---

[1] 斯通和麦基（Stone and Mackie, 2013）。

[2] 卡内曼和迪顿（Kahneman and Deaton, 2010）；库布赞斯基等（Kubzansky et al., 2014）。

[3] 心盛幸福由古希腊哲学家亚里士多德提出，其词根"eu"代表"好"，"daimon"代表精神，这种幸福强调实现个人潜能，追求有意义的生活目标。

而，国家间的差异是心盛幸福与评价性幸福有所不同的一个重要领域。研究者认为有意义感和有目标感的生活似乎更受特定文化特征的影响，而不是生活满意度的影响。①

在许多国家，例如英国、新西兰、加拿大，甚至在美国的一些新的官方调查中，幸福指标越来越多地被纳入政策中，作为对其他进步指标（例如国民生产总值指标）的补充。可以说，它是衡量社会温度的工具，包括压力、愤怒、乐观和绝望。英国和新西兰等一些国家也将这些指标纳入财政部和其他政府部门运作中，以确定优先事项并为成本效益分析提供信息。②

地方层面也做出一些努力，利用这些指标来设计和评估干预措施，以应对个人和社区层面的绝望情绪。这些措施需要谨慎实施；需要注意解释其性质和目的，以及评估所依据的尺度。需要重点强调的是，幸福衡量并不是政府为了告诉人们如何获得快乐的工具，而是政府利用人们对幸福的自我报告作为政策制定的工具，提醒政府优先考虑社会幸福而不是只考虑经济目标。

如上所述，即使在心理学和精神病学领域，我们对希望的了解和相关文献还远远不够。不过，人们已经形成了一个新的共识，即希望具有认知、情感和能动性，这些属性对于面向未来的行为非常重要，并将其与乐观、意愿和期望等相关维度区分开来。

---

① 尼科洛娃和格雷厄姆（2015）。

② 有关使用这种方法的利弊的精彩讨论，请参阅奥唐纳和奥斯瓦尔德（O'Donnell and Oswald，2015）。

如果希望确实对人们的未来结果有较大的影响，那么当社会要以幸福指标作为政策工具时，我们就需要更多地了解它。

关于希望的文献

普利吉等（Pleeging et al.）指出希望和主观幸福是多维概念，包括情感（例如预期和倾向）、认知（例如期望和满足）和动机。他们基于元分析（meta analysis）和具有全国代表性的美国人口样本的研究结果表明，积极期望与主观幸福感的所有维度只有微弱的相关性，而认知和情感与希望的相关性要强得多。他们得出的结论是，在这些关系中，积极期望的消极因素——只是认为未来事情会是积极的——并不比拥有更积极的希望倾向更重要。（2021）事实上，下文讨论的许多其他有关希望的文献都表明，希望与更好的未来结果之间的因果关系是由一种能动性意识而不仅仅是积极的、有时是天真的乐观主义来区分的。[1]

比阿特丽斯·施兰克与合著者们（Beatrice Schrank and Coauthors）总结了关于希望概念的有限的文献和现有知识及其在精神病学中的临床和研究意义。他们指出希望的定义缺乏明确性，同时隐含的共识是希望（或重拾希望）对于精神病患者的心

---

[1] 另请参见施兰克等（2011）；格雷厄姆和鲁伊斯-波苏埃洛（2022）。

理健康恢复至关重要。他们提出，未来需要基于观察和干预进行研究，以加深我们对希望为何在这一过程中如此重要以及它是如何发挥作用的理解。（2011）也许并非巧合，近十年来，新兴的幸福科学一直在通过采取干预措施来增加希望，特别是对于陷入困境的社区和失去希望的人群（参见第五章中的例子）。

泰勒·范德威勒和加拉格尔等（Tyler VanderWeele and Gallagher et al.）指出，积极心理学的早期支持者——最著名的是理查德·斯奈德（Richard Snyder）——开始将希望概念化为一种积极的、使人们能够坚持实现目标和迈入理想道路的动机。在最近的一篇文章中，他们阐述了希望通过各种社会心理作用（例如情绪调整、积极情感、生活满意度、目标感、生活质量和社会支持）与长期健康结果具有显著关联。[①]相反，低水平的希望或绝望与焦虑、抑郁和创伤后应激障碍等心理健康问题的较高风险呈正相关（绝望现在被用作抑郁症评估的一个项目）。

根据美国健康和退休研究的数据（样本量12998，平均年龄为66岁），他们发现更强烈的希望感与更好的身体状况和健康指标相关，例如全因死亡率风险降低、慢性病减少、癌症风险降低、睡眠问题减少、心理更健康、心理困扰更少、社会幸福水平更高。

特拉维斯·利伯特和布鲁斯·威迪克（Travis Lybbert and Bruce Wydick）是少数将斯奈德方法融入其研究的经济学家之

[①] 斯奈德（2000）；加拉格尔等（2020）。

一，他们也关注希望的能动性以及通过不同途径来寻求更美好未来的能力。他们将希望融入为意愿（目标）、能动性（自我效能感）和变革途径，并重点关注帮助人们摆脱极端贫困的干预措施。（2018）

艾伦·派珀（Alan Piper）采取了不同的方法。他没有关注希望与未来结果的因果关系，而是根据德国社会经济的面板数据研究乐观（和悲观）与当前生活满意度之间的联系。他发现，即使控制了结婚/离婚和孩子出生等预期事件的变量，以及个人固定效应，对未来的乐观情绪和当前的生活满意度之间也存在很强的联系，悲观情绪和较低水平的生活满意度之间的关联性更强。（2022）他的发现符合直觉，因为那些相信自己的未来会是积极的，甚至比现在更好的人，可能有很高的生活满意度，同时他的发现表明，人格特质也在发挥作用。

人格和社会心理学家（以及一些经济学家）提出了第二种观点，他们认为意愿（这是上述希望定义的组成部分）与广泛的人格特质相关，但又不同。后者包括自尊、控制点（locus of control）①和自我效能感等。研究表明，与智商等流体智力指标相比，人格特质更有可能随着时间的推移而演变，并在中年

---

① 控制点是一个心理学术语，指的是个体对于自己生活中事件和结果的控制感。控制点的概念在理解个体的行为模式以及对压力和挑战的反应方面非常重要，它可以帮助解释为什么在相同环境下，不同的人可能会有不同的行为和反应。——译注

时期与环境相互作用。[1]反过来，这些人格特质也可以像认知能力指标一样预测未来的结果，例如受教育程度、健康和劳动状况。[2]

赫克曼和考茨（2012）使用"人格特质"一词来描述无法像智商那样可以用抽象推理能力衡量的属性。这些属性有很多名称，包括软技能、非认知技能、性格和社会情感技能。这些不同的名称意味着不同的属性。"特质"一词暗示着一种永久性，也可能暗示着一种遗传性，而术语"技能"和"性格"则表明它们是可以习得的。他们的实证研究表明，认知和人格特质都可以在生命周期中发生变化，但通过不同的机制在不同的年龄发生变化。心理特质（包括希望）直到生命的后半段（中年）才会发展，而智商在二十多岁之后就不会发生太大变化。

然而，赫克曼和考茨还指出，心理学家和经济学家关于人格特质在决定结果中的作用的大多数研究都忽略了更深层的偏好或目标的作用，这些偏好或目标也可以被视为特质。实现这些目标需要某些特质，例如责任心。根据这种观点，特质是通过实践、投资和习惯而形成的，而这些特质又受到激励的影响。在各种情况下所表达的特质的明显稳定性可能是目标和激励本身稳定性的

---

[1] 阿尔姆伦德等（Almlund et al., 2011）；班杜拉等（Bandura et al., 2001）；德尔康和辛格（Dercon and Singh, 2013）。

[2] 博尔甘斯等（Borghnans et al., 2008）；赫克曼和考茨（Heckman and Kautz, 2012）。

结果。解释投资内生性的研究（如教育领域的研究），进一步证明了教育、认知和人格特质对结果的因果影响。因此，人力资本成果至少部分是内生于希望等人格特质的。

他们在实证研究中以"五大人格特质"为框架，即责任心、随和性、对经验的开放性、外向性和情绪稳定性。虽然这些在生命历程中基本上是稳定的，但它们可能会受到经历、养育方式和其他因素的影响。我们在调查中使用的特质——例如乐观、自尊、努力工作的信念、精神状态、不耐烦和交友能力——具有这五个特质的许多元素。

瑞昂和格里森（Ryon and Gleason）关于控制点的一些相关研究表明，控制点也在生命历程中不断演变。他们还发现控制点与积极的健康行为呈正相关，并且可以预测不良的身体症状。（2014）这些结果为从社会学习的角度研究个体控制感的发展和维持提供了证据。研究者认为，在未来的研究中，应将控制点视为个体状态和特质层面构建的要素。

种族、文化和人口之间的差异

我们以及其他一些人的研究发现，不同人种、种族和文化之间的希望及其潜在特质存在巨大差异。例如，在美国，在极度绝望的时期，一个令人惊讶且常见的发现是，与白人的极度绝望相比，少数族裔（尤其是美国黑人）的希望程度很高。尽管美国黑人在物质和获得社会公正对待方面明显不及白人，但当收入水平较低时，这两个群体在希望方面的差距最大。与此同时，这一发现并不是"悲剧性乐观主义"或盲目乐观主义的反映。同样乐观的黑人受访者表示，他们的经济水平和生活状况远低于平均水平。在年龄较大的人群中，这种差距也很大。年轻人往往比老年人对未来更乐观，而老年人往往比年轻人有更高的生活满意度；美国黑人是美国唯一在老年时期仍保持高度乐观的群体。[①]

塞尔吉奥·平托和我首先在基于盖洛普数据的大样本数据研究中发现了这种看似矛盾的现象，该研究比较了低收入群体对未来的希望以及通过个人努力取得成功的信念。[②]我们最初于2015年发现了这一悖论，随后凯斯和迪顿发表了关于绝望死亡而导致死亡率不断上升的开创性论文。在人们普遍担心警察针对美国黑人的暴力行为以及圣路易斯和巴尔的摩市的骚乱之际，我们研究发现贫穷的美国黑人对未来持高度乐观的态度，这与低收入白人的低水平希望和高水平忧虑和压力形成鲜明对比，这一发现一开始让我们感到惊讶，但后来似乎反映了绝望死亡数据中的实际死亡模式。

我们将盖洛普全国数据中个体、种族和地区（县和大城市统

---

① 关于年龄趋势和乐观情绪，请参见施万特（2016）；关于跨种族的乐观情绪和年龄差异，请参阅格雷厄姆（2017）。

② 我以盖洛普高级科学家的身份访问了这些数据。

计区）的幸福和不幸福的指标与美国疾病控制和预防中心发布的关于死亡趋势（自杀、药物过量、酒精中毒和"不明原因的意外死亡"）的数据进行比较，在2010—2017年的数据中发现了很强的关联。[①]从那时起，我们还使用不同的数据集来探索历史联系。我们发现，在收入动态变化的面板数据研究中，健康状况恶化先于绝望死亡的增加，首先是20世纪70年代末未受过大学教育的白人男性的乐观情绪下降，这与第一波制造业衰退相对应。最近，通过2006年开始的行为风险因素监测调查，我们发现每个县报告心理健康状况不佳的受访者百分比的趋势与几年后较多的绝望死亡人数呈正相关。[②]所有这些分析都表明，某些人群——主要是（但不仅限于）未受过大学教育的白人——失去希望，是造成绝望死亡率上升的一个合理的原因。

与缺乏希望相关的另一个因素是缺乏生活目标，以及缺乏改变这种状况的意愿或动力。我们详细探讨了美国壮年男性的状况——一个人数不断增长且特别脆弱的群体。我们发现，他们比其他劳动力群体（包括失业者）更有可能感到高度绝望，他们的健康状况较差、行为不良（包括阿片类药物成瘾）、频繁报告疼痛（通常是成瘾的原因），并且地理流动性很小。例如，与其他成年人相比，他们更有可能住在父母家或人口普查区，因此搬到其他有更多就业机会的地方的意愿较低。

---

① 格雷厄姆和平托（2019）。
② 奥康纳和格雷厄姆（2019）；多布森等（2022）。

而且，反映上述有关不同种族关于希望的悖论是，白人壮年男性的健康和幸福指标比少数族裔男性差得多，而美国黑人壮年男性更有可能表示他们希望为改善社区做出贡献，并为此感到自豪。①

这些种族差异——以及黑人与白人在希望和乐观情绪上的明显差距——非常持久，并且在我们的数据中保持不变，贯穿2016年美国大选，以及随后引发争议的总统任期。更值得注意的是在新冠疫情期间，低收入美国黑人比其他群体更有可能感染和/或死亡，这在很大程度上是由于他们的工作性质和生活安排。尽管在此期间美国黑人的焦虑程度提升，但其水平仍远低于白人。②

这项工作是我当前开展关于不同青少年群体希望的决定因素和未来影响的研究的重要前提。我于2017年在秘鲁进行了第一次试点调查，三年后与牛津大学精神病学博士研究生朱莉娅·鲁伊斯–波苏埃洛（Julia Ruiz-Pozuelo）合作，并通过营养研究所和机构审查委员会（Institutional Review Board，IRB）的帮助在利马进行了后续调查。③

---

① 格雷厄姆和平托（2019）。
② 格雷厄姆，钟等（Graham, Chung, et al., 2022）。
③ 信息披露，这个营养研究所是由我父亲（儿科医生）于1962年（我出生的那一年）创立的。我一生中的大部分时间都以某种方式参与其中，包括目前在其科学顾问委员会任职。我们通过营养研究所的实地调查团队实施了这项调查，并通过了IRB的审查。我们非常感谢主任玛丽·佩妮博士（Dr. Mary Penny）在整个过程中的指导。

我们在圣胡安德卢里甘乔（利马的一个大型城郊定居点）的一群18—19岁的贫困青少年中发现了令人难以置信的高水平希望和相关的教育意愿。尽管我们的受访者中没有一位的父母受过大学教育，但85%的受访者表示希望接受大学或研究生教育。我们的跟踪调查结果显示，他们对自己的意愿高度坚持，95%有高意愿的受访者在三年后走上了实现其教育目标的道路，而且与平均水平相比，他们做出危及他们未来的行为，例如吸毒或不安全的性行为的可能性要小得多。同样重要的是，他们有一个支持他们的导师——无论是在家庭还是邻近社区——以及在一种相信教育价值的文化氛围中。同时，从希望到实现更好结果的路径似乎特别重要。在贫困和反复负面冲击的背景下，主观能动性和坚持很重要。[1]我在第三章中提供了有关这项调查的结果和更多详细的信息。

与此同时，我还对密苏里州圣路易斯贫困学区18—19岁的低收入美国黑人和白人学生进行了调查。这些调查是在以前称为芝加哥大学美国舆论研究中心（National Opinion Research Center，NORC）的协助下进行的。受新冠疫情影响，这些调查比在秘鲁开展更加困难，最终通过邮件进行，而不是线下。

我在第四章中描述了调查的细节，值得注意的是，黑人与白人在希望方面存在明显差距，并且与不同水平的教育意愿相关。

---

[1] 格雷厄姆和鲁伊斯–波苏埃洛（2022）。

绝大多数黑人受访者的目标是接受大学或研究生教育，尽管这对他们来说比白人受访者要困难得多，但通常至少父母或祖父母中有一位支持他们实现这些目标，这与秘鲁的调查结果相呼应。相比之下，白人受访者已经或希望完成高中学业，最多可能再接受一年的技术教育。同样值得注意的是，他们表示父母不支持他们接受更高水平的教育。

这反映出个人努力作为白人工人阶级成功关键的叙事的衰落，并且没有新的叙事可以取代它。因此，人们对高等教育和"沿海精英（coastal elites）"[①]抱怀疑态度。这种衰落和希望的缺失可能会让他们的孩子成为陷入绝望的下一代。如果缺少希望和追求更多教育的意愿（除了大学之外，还有多种形式的技能获取途径），这些年轻人不太可能适应未来的劳动力市场并具备取得成功的技能［包括社会情感技能（socioemotional skills）[②]和认知技能（cognitive skills）[③]］。这不仅预示着这些学生的悲惨未来，而且绝望人群是导致美国社会和政体日益分裂的一股力量。

[①] 通常指那些居住在美国沿海地区，受过高等教育，在政治、经济或文化上具有影响力的人群。——译注

[②] 社会情感技能是指个体在社会互动中表现出的情感理解和管理能力，以及与他人建立和维持关系的能力。——译注

[③] 认知技能是指个体处理信息、进行思考和解决问题的能力。——译注

更多关于美国黑人的希望悖论

对于这一涉及多方面悖论的解释很复杂，这些解释来自许多学者和不同学科。如上所述，我们的研究发现，美国黑人是唯一一个在老年时期仍保持高度乐观的群体。①大多数群体在进入老年时期对未来不抱太大希望，但美国黑人仍然保持稳定水平。对此的解释为更广泛的悖论提供了一些线索。例如，已故社会学家詹姆斯·杰克逊（James Jackson）将老年黑人中的这一趋势归因于"摆脱困难的角色"，由于黑人在传统上一直从事较差的和令人不愉快的工作，退休是一种解脱，也是他们希望的源泉，即使这样的日子不长。②

历史学家南希·伊森伯格（Nancy Isenberg）比较了历史上贫困的美国黑人与贫困白人的韧性。在后奴隶制时期的南方，种植园主更有可能雇用贫困黑人而不是贫困白人在农场工作。人们认为前者工作更努力，生病的可能性更小，这既表明了美国黑人的韧性，也暗示了一个不太积极的故事，即对在奴隶制中幸存下来的美国黑人存在选择偏见——适者生存。③

在巴尔的摩伯利恒钢铁厂工人的故事中，社会学家安德

---

① 格雷厄姆（2017）。

② 2015年11月，在佛罗里达州奥兰多举行的美国国家老龄化研究所（National Institute on Aging，NIA）研讨会上与杰克逊的个人对话。

③ 伊森伯格（Isenberg，2017）。

鲁·切尔林（Andrew Cherlin）描述了20世纪50年代通过一项特殊计划从北卡罗来纳州来到工厂的黑人工人如何居住在隔离的住房中，并受到影响。即使在民权法案修订之后，他们也被剥夺了与白人工人同等的晋升机会，但随着时间的推移，他们仍然比同龄白人工人拥有更多存款，表现也更好。[①]事实上，工厂关闭后，白人工人的成年子女往往留在邓多克，从事零工经济中不太理想的工作，而大多数黑人工人的子女则上大学并搬出社区，去城北更好的地方。对于这个故事同样重要的是，他们倾向于回到同一个社区［HBO电视剧《火线》（*The Wire*）的拍摄地］的教堂参与活动并回馈社区。

戴维斯和吴（Davis and Wu）发现，不平等对黑人社区和白人社区的影响不同。群体内中位数收入水平提高会对白人的生活满意度产生负面影响，这与群体内部地位的偏好一致；但它对黑人有积极影响，当他们看到群体内的中位数收入增加时，即使他们的水平远低于中位数，他们也会视其为一个积极的信号，这表明他们的社区发展得更好。这种基于社区团结的影响对于收入水平较低的人和黑人学生来说更大，这解释了为什么低收入黑人的乐观程度高于平均水平。（2014）

对未来的持久希望、对教育在取得成功方面的价值的信念以及社区的强大作用，这些因素在我们上述数据研究以及对秘鲁和

[①] 切尔林（Cherlin，2019）。

密苏里州低收入青少年的调查中都显而易见。它们是构成本书的希望概念的核心。与黑人的高水平希望形成鲜明对比的是，低收入白人的希望已经丧失。如何才能让他们重拾希望？

有许多相关的解释，尤其是蓝领工作的可获得性和待遇的永久性下降，与不断克服逆境所产生的韧性形成鲜明对比的是，这个群体的社会地位和经济稳定性随之下降。长期以来，美国梦的叙事基础是努力工作会让你获得成功，人们往往认为那些落后的人是因为缺乏努力。但是，就像著名的霍雷肖·阿尔杰神话（Horatio Alger myth）①忽略了霍雷肖有一个资助人这一重要事实一样，"努力工作，你就会成功"的叙事也忽略了这样一个事实：白人在获得可用资源方面和最好的蓝领工作（如在钢铁厂工作）上比少数族裔具有明显优势。

低收入白人面临两种不同类型的衰退。第一，由于美国收入不平等的显著加剧和代际流动性的下降，低收入白人和富裕白人之间的收入和生活方式的绝对差异扩大，缩小这些差距并让他们的孩子生活得更好的机会也减少了；第二，他们和传统上比他们处境更糟糕的少数族裔在收入、教育和健康方面的差距相对

---

① 一种美国文化中的成功故事，它源自19世纪美国作家霍雷肖·阿尔杰的一系列流行小说。这些小说描绘了贫穷、出身卑微的年轻人通过诚实、勇气、毅力等美德最终获得成功和财富的故事。霍雷肖·阿尔杰神话是美国梦的一个象征，即任何人不论出身如何，只要努力工作、坚持不懈，都有可能实现社会地位的提升和个人的成功。——译注

缩小。①

虽然美国黑人也受到制造业衰退的负面影响——失业、贫困和家庭稳定等方面的严重打击②——但他们更习惯于应对负面冲击。因此，这似乎并没有破坏他们的整体叙事和目的感。此外，正是由于有过应对逆境的历史，美国黑人和其他少数群体，如拉丁裔，建立了一些被我称为"同理心社区"的东西，这是基于社区支持系统的非正式安全网——将家庭扩大到教堂——有助于支持那些落后的人，这与白人工人阶级对贫困的污名化形成鲜明对比。白人工人阶级叙事的另一部分——与稳定工作相伴的稳定家庭——也和工作一起瓦解了。

当然，白人希望破灭的背后还有许多其他原因：阿片类药物的流行、肥胖和其他可能加剧身体和心理痛苦的因素的增加，以及种族之间日益加剧的分歧，最终是文化裂痕。一方面，美国和其他大都市地区经济呈现多样化且充满活力；另一方面，大部分中心地带的经济活动减少和人口密度不断下降。还有无数其他相关解释，例如公民活动的减少和受教育程度下降，宗教活动

---

① 保罗·胡夫、卡维·坎布尔和安德烈亚斯·佩克勒（Paul Hufe, Kavi Kanbur, and Andreas Peichle, 2022）在论文中提供了一种新方法来区分"公平"不平等（这是由技能和努力得到合理回报导致的）和"不公平"不平等（这是由某些群体的持续优势导致的）。他们发现，过去几十年来美国不平等的显著加剧大部分是由"不公平"不平等和父母受程度教育的差异导致的。

② 古尔德（Gould, 2021）。

以及狮子会①这样的组织成员的减少，以及曾经作为一种规范的低收入白人的婚姻的瓦解（而对于富有和受过教育的人来说，结婚率有所上升）。最后，社交媒体和假新闻的兴起破坏了公正的非政治性新闻媒体的声誉和经济基础，这些媒体代表了对真相的共识。②

美国黑人的希望悖论也有消极的一面。虽然这不是一种盲目乐观的心态，但它在某种程度上确实承认不公正现象永远存在，并且打破不公是种族和文化自豪感的重要组成部分。例如，美国黑人的自杀率比白人低得多，部分原因是美国黑人的自杀耻辱文化。事实上，2019—2020年，抑郁症状对全因死亡风险增加的影响（白人的全因死亡率很高）才在黑人中显现，但仍比白人低得多。③蒂芙尼·福特（Tiffany Ford，2021）强调了中低收入黑人女性的一个相关悖论。她利用盖洛普数据发现，中低收入黑人女性群体是最乐观的群体，但这种乐观情绪与高压力和糖尿病、心脏病等疾病并存。④

谢尔文·阿萨里（Shervin Assari）就这些主题撰写了大量文

---

① 美国狮子会是创建于1917年的慈善服务组织，业务范围包括视力保护、糖尿病筛查与支持、儿童服务等。——译注

② 关于公民趋势，请参阅普特南（2015）和索希尔（2019）。关于媒体真相和诚信度面临的挑战，请参阅劳赫（Rauch，2021）。

③ 多布森等（2022）。

④ 通过我的用户协议，福特当时可以以我的博士生和研究生助理身份访问盖洛普数据。

章，并发现，由于黑人的高度乐观和坚韧，与白人相比，健康和教育对保持他们的幸福/心理健康的作用较小。[①]他还指出，因为黑人已经拥有更高水平的希望和韧性，这可能会改变长期以来社会经济地位和健康在抑郁症状与死亡率中发挥的保护作用。例如，发表在《预防医学》（*Preventive Medicine*）上的一项研究发现，控制社会人口因素和抑郁状况的变量后，高度乐观可以降低美国黑人男性的死亡率，但对女性则不然。事实上，这是一个需要更多解释的悖论。

对于受过更多教育和更富有的年轻美国黑人来说，相信这种叙事可能更加困难，这可能反映在最近受过良好教育的少数族裔青少年自杀率的提高上。[②]阿萨里的研究表明，生活在白人社区会使高收入美国黑人青少年的抑郁状况恶化。随着这些年轻人受教育程度和认知水平的提高，他们也可能意识到美国黑人的发展仍然存在玻璃天花板。

问题出现了：希望在什么时候体现出韧性和能动性？什么时候希望反映的只是（也许是悲剧性的）乐观主义？麦金托什等（McIntosh et al.）通过研究得出了一个见解，他们发现包括美国黑人和拉丁裔在内的少数种族和族裔，对心理困扰的容忍度较低，世俗希望也较低，他们比非拉丁裔白人同龄人更认同宗教和

[①] 阿萨里（Assari, 2017）。

[②] 阿萨里等（Assari et al., 2018）。

精神希望。①少数族裔能否因非世俗的希望而获得更高的心理困扰容忍度，目前尚不清楚。

麦格拉思等（McGrath et al.）在一项针对18岁以上人群（样本量2875，其中14.2%为黑人、15.4%为拉丁裔、67.3%为非拉丁裔白人）的全国性调查中，分析了他们的自我报告中对宗教/精神的希望、世俗希望、心理困扰容忍度和其他几种社会心理和社会人口统计学变量的认可度。总体而言，较高水平的宗教/精神希望和世俗希望预示着更大的心理困扰容忍度。反过来，更大的心理困扰容忍度与程度较低的身心痛苦有关。一个悬而未决的问题是，宗教/精神希望反映的是少数群体的主观能动性和韧性，还是天真的乐观主义？数据中的其他趋势表明是前者。②

基因和大脑

希望和其他形式的幸福的生成确实存在遗传和神经科学因素，尽管这是相对未知且可能存在争议的领域。一些早期的工作（卡斯皮等，Caspi et al.）基于对美国全国代表性出生队列的前瞻性纵向研究，探讨了为什么负面生活事件会导致某些群体患抑郁

---

① 麦金托什等（2021）。
② 麦格拉思等（2021）；扬和麦格拉思（Young and McGrath，2020）。

症，而不是其他群体。他们发现，5-HTTLPR血清素转运基因发挥了重要作用，因为它减轻了早期生活事件对后期生活中抑郁的影响。与具有两个短等位基因的人相比，具有至少一个多态性长等位基因的人在以后的生活中因遭遇负面冲击而出现抑郁症状、被诊断为抑郁症和自杀的可能性较小。他们的研究表明，基因作为中介调节了个体对环境冲击的反应。（2003）

大约三十年前，内伊（Nei）提出了遗传距离的概念，即不同人群和地域之间基因组成的差异。迁移较少的同质人群往往比跨种族和国家融合较多的人群具有更近的遗传距离。他从马莱科特的亲属关系系数[①]（Malecot's coefficient of kinship）开始，发展了遗传替代率的概念（进而决定遗传距离）。（1972）尤金尼奥·普罗托和安德鲁·奥斯瓦尔德（Eugenio Proto and Andrew Oswald）随后对这一概念进一步扩展，并探讨了它在多大程度上解释了不同人群和国家之间的幸福差异。（2017）

他们基于内伊对各国人口之间遗传距离的研究，发现它与国际幸福差异相关。这种相关性不能用潜在的遗漏变量来解释，例如繁荣程度、文化或宗教，遗传学家将这种混杂变量称为"筷子问题"。随后，他们的研究发现了5-HTTLPR血清素转运基因的长度变化与心理健康显著相关（但有争议）的证据。他们假设溢出效应大于个体效应，展示了这种变化在社区、人群和个人之间

---

① 马莱科特（Malecot, 1959）。

的差异。他们还研究了移民的幸福水平，以探讨移民到美国的个人的幸福，与美国还是与他们的祖国更密切相关，并找到了令人信服的证据来验证这一点。①

同样，金泽和洛佩兹（Kanazawa and Lopez，2021）最近发表的一篇论文探讨了某些性格类型人群的外迁为什么有助于解释斯堪的纳维亚人是地球上最幸福的人。他们认为，当这些移民在各自人口中所占的比例足够大，并且该比例保持的时间足够长（如持续了几个世纪），那么他们就会对各自的基因库产生持久的影响。虽然这项研究不像奥斯瓦尔德和普罗托那样全面，但至少具有启发性。

扬-伊曼纽尔·德·内夫（Jan-Emmanuel de Neve）和奥斯瓦尔德2012年在《美国国家科学院院刊》（*Proceeding of the National Academy of Sciences*）上发表的基于对分开抚养的同卵双胞胎的研究发现，同卵双胞胎携带相同的传递基因多态性，并且无论他们在哪里长大，基因都会影响他们以后的生活。该研究中一个有趣且鲜为人知的部分出现在补充材料中，并且与希望中的种族差异的讨论直接相关，即美国黑人是5-HTTLPR血清素转运蛋白多态性水平最高的群体，而白人的水平最低。卡斯皮的国际研究证实，有色人种的这种基因转运蛋白水平也高于白人（尽管这又是基于有限研究的结论）。

---

① 参见阿什拉夫和加洛尔（Ashraf and Galor，2013）。

最后，沿着同样的思路，美国心理学家S.G.扬和罗伯特·麦格拉思（S. G. Young and Robert McGrath）最近关于人格特质的一些研究表明，原始信念——你可以信任别人、事情会好起来、世界终究是一个安全的地方——在不同种族之间存在很大差异，美国黑人是最有可能持有积极观点的群体，而消极观点更有可能与阴谋论和相关现象联系在一起。（2020）

虽然规模有限，但这项研究与我们在上述数据中发现的差异相呼应，肯定了大脑研究——以及试图理解大脑的神经科学——在解释人类情感和行为（包括经济行为）方面的重要作用。卡洛斯·阿洛斯–费雷尔（Carlos Alos-Ferrer）2018年的文章认为，神经科学和经济研究不仅相互借鉴，而且相互促进。对于这一探索，他指出思考大脑特定区域和功能相互关联的重要性。这些相互关联适用于大脑社会方面的研究，即社会大脑与环境的相互作用。实际上，这在情绪调节和认知功能（两者都与幸福和不幸福相关）中发挥着重要作用。当这些功能超载或失效时，就会产生压力和/或抑郁。在孤儿院长大的孩子往往会在早期经历社交剥夺和承受压力，经常表现出认知障碍，例如难以控制冲动或情绪。与此同时，精神分裂症不能仅用基因来解释，环境也起着一定的作用。

因此，神经科学家有很多东西可以教给经济学家，而经济学家对于决策通常如何受到与环境相互作用的遗传特征影响的新思考可能有助于神经科学家进一步思考大脑不同功能之间相互联系。在经济决策方面，这也支持超越理性、效用最大化的经济人（Homo economicus）模型扩展到智人（Homo sapiens）和有限理性、背离自利行为、战略行为、共同价值观和制度的模型。它还与理解不同个体和地方的幸福和不幸福模式直接相关。

根据国番、根人和山川（Kokuban，Nemeto，and Yamakawa）撰写的一些关于大脑健康和四因素幸福量表的著作，大脑中参与情绪调节的区域也与韧性有关，它影响年龄和幸福之间令人费解但日益确立的U形关系。（2022）①虽然大脑的通用功能往往会随着年龄的增长而减弱，但大脑异向性指标不会。异向性指标与幸福感和情绪调节的相关程度更高（其作用的区域更多地涉及压力和情绪调节），并且不会随着年龄的增长而减少。

所有这些都增进了我们对主观幸福感的理解，在我看来，也增进了我们对希望所表现出的能动性及其如何影响人类生活的理解。大脑与环境之间的相互作用以及与情绪调节和主观幸福感相关的基因的作用，是人类生活尚未被充分理解的关键。就像基因或环境在决定智商方面的重要性一样，虽然人们一致认为两者都很重要，但对于每个维度的解释力有多大，人们尚未达成共识。

---

① 参见布兰奇弗劳尔和奥斯瓦尔德（2008）；布兰奇弗劳尔和格雷厄姆（2021）；克拉克（2019）；和韦斯等（Weiss et al.，2012）。

缺乏希望的巨大代价

我决定写这本书的一个主要原因是看到美国的绝望情绪与日俱增。美国社会的绝望成为振兴劳动力市场和发展生产力的障碍；它损害幸福、健康、寿命、家庭、社区和国家安全。新冠疫情是一次根本性冲击，加剧了本已日益严重的绝望问题。美国为何会出现如此严重的绝望情绪？

在新冠疫情之前，美国拥有表现强劲的股市和创纪录的低失业率。然而，这些数字掩盖了大约20%的壮年男性永久退出劳动力市场的事实，即他们既没有就业，也没有寻找工作。[①]2005—2019年，平均每年有七万名美国人死于绝望（自杀、吸毒过量、酗酒和其他中毒导致的过早死亡），并且这一数字在此期间逐年增加。这些死亡现象集中体现在未受过大学教育的中年白人中，其中不在劳动市场的劳动力（out of the labor force，OLF）群体所占比例过高。[②]低收入少数族裔比白人更加乐观，死于上述情况的可能性要小得多。

遗憾的是，这种情况在2018年和2019年发生了变化，原因是

[①] 那些超过六个月不再寻找工作的人被完全排除在失业率计算之外。

[②] 过去十年中这一群体的死亡人数足以推动美国总体死亡率上升，使美国在新冠疫情之前成为世界上唯一一个死亡率上升而不是下降的富裕国家。有关不同人群的趋势及其与主观幸福感指标的联系，请参阅格雷厄姆和平托（2019）。

芬太尼在城市黑人男性中的广泛使用以及新冠疫情的普遍冲击。同时，黑人、拉丁裔、亚裔和太平洋岛民中的青年（15—24岁）自杀率的升高也令人担忧。这些趋势在未来值得多加关注。[①]因此，虽然很多注意力都集中在白人工人阶级的绝望上，但绝望是一个更广泛的社会问题，尽管不同群体的因果机制不同。[②]事实上，美国疾病控制和预防中心的最新估计显示，2020年因服药过量的死亡人数较2019年增加30%，达到9.3万人。[③]

白人工人阶级的绝望反映了制造业衰退的负面影响。相比之下，少数族裔在缩小教育和寿命差距方面取得了十分不易的进展，他们高水平的希望和韧性在这一时期发挥了重要作用。白人的绝望导致其地理流动性下降，[④]它反映了白人认知技能水平下降，[⑤]并且它具有政治溢出效应。例如，在2016年之前，在调查中表示失去了希望的受访者较多的县，更有可能投票给唐纳德·特朗普。[⑥]白人失业男性、债务水平较高的中产阶级白人以及极度担心被少数族裔"取代"的城镇白人在2021年1月6日袭击

[①] 拉姆查德等（Ramchad et al.，2021）。

[②] 参见乔等（Joe et al.，2009）。

[③] 值得注意的是，这个数字接近格雷厄姆和团队根据EMS急救人员2021年和更早年有关服药过量电话呼叫的数据预测的总数。请参阅"美国的绝望危机：促进经济复苏和社会幸福的联邦工作组"（"America's Crisis of Despair: A Federal Task Force for Economic Recovery and Societal Well-Being"）

[④] 格雷厄姆和平托（2020）。

[⑤] 霍克斯比（Hoxby，2021）。

[⑥] 赫林等（Herrin et al.，2018）；平托等（2020）。

美国国会大厦的人中所占的比例很高。①

更广泛地说，大量证据表明长期失业会给个人心理健康带来持续的影响。事实上，这是人们无法接受的少数生活事件之一，这意味着随着时间的推移，他们不会恢复到事件发生前的幸福水平，即使他们接受了许多其他事件，如离婚或收入变化。长期失业者的配偶也会受到溢出效应的影响，这可能导致夫妻关系破裂和父母心理健康状况不佳。反过来，后者，特别是对于母亲来说，会对儿童的成长产生负面影响，并持续到成年以后。

美国高昂的医疗费用以及就业状况与医疗保险之间的关系使得"失败"的成本特别高。缺乏希望——这里定义为生存意愿和对未来的渴望——是一个关键因素。绝望描述了许多对自己的生死感到矛盾的人的困境。绝望会影响冒险行为，例如危害健康和寿命的行为。整个社区都会经历这种无助，尤其是在面临艰难的选择和变革时。他们常常陷入两个世界，一个是具有某种意义的旧方式正在消失，另一个则是在缺乏支持的情况下，适应新世界的变化几乎是不可能的。死亡（缓慢或快速的）成为止痛的最简单选择。吸毒和自杀是这种现象的内部表现，而痛苦、沮丧和愤怒——当这些情绪广泛存在时会影响社会安定——则是外部表现。

另一个绝望的迹象在过去十年越发显著，似乎与我们的心理

---

① 埃德索尔（Edsall, 2021a）；费伊尔（Feuer, 2021）。

健康危机有关，那就是美国关于疼痛的报告不断增多。报告前一天经历疼痛的美国人比其他30个国家的受访者要多，其中许多国家不太富裕。[①]据报道，在美国，中年人报告的疼痛数量最多，而不是老年人，这与大多数其他国家和过往模式不同，考虑到弱势群体的幸福感较低，且可能是队列效应[②]，如当今美国没有受过大学教育的中年白人的幸福感较低。其他种族的受访者，尤其是美国黑人报告疼痛的频率比白人低得多。[③]因此，疼痛的增加似乎反映了绝望危机的趋势，或者是其中的一部分。

富裕国家特有的一个相关趋势是，失业人员（而非就业人员）报告疼痛的频率最高。[④]这可能反映了蓝领工作的稀缺性以及工作待遇的下降，尤其是在美国。虽然绝望显然是当今美国工人阶级的标志，但它也影响了世界各地那些没有准备好应对快速变化的劳动力市场和技能要求的工人。这些趋势中的每一点都反映在心理和身体上的痛苦上。

我们仍然不知道所有的答案。正如科普兰研究（Copeland Study）的研究者指出的那样，绝望不仅可能是诱发疾病的一个风

---

① 布兰奇弗劳尔和奥斯瓦尔德（2019）。
② 队列效应指的是不同出生年代的人群因成长过程中所经历的特有的社会和历史环境而形成的持久性行为和态度差异。——译注
③ 凯斯、迪顿和斯通（2021）；格雷厄姆和平托（2019）。
④ 马基亚（Machia）和奥斯瓦尔德（2021）；布兰奇弗劳尔和布赖森（Bryson）（2021）。

险因素，还是人们失去希望的结果。

公共卫生领域在20世纪的成就让这一代的儿童比他们的父母活得更久。正是因为最近的绝望危机趋势与近一个世纪的进步相背离，绝望危机才引起了公众和科学界的关注。这项研究朝着探索心理状态（绝望）如何阻碍现代医学进步迈出了一步。然而，这项研究只是迈出了第一步，还需要开展更多工作来了解个人、家庭和社区中绝望和过早死亡的根源，以及我们如何进行干预以让人们重拾希望并防止绝望引起的发病和死亡。[1]

关于绝望的神经科学

神经科学家指出，绝望是美国极右激进主义蔓延的复杂过程的一部分。[2]网络（包括社交媒体的使用）和实体组织的融合增强了激进主义的传播。造成绝望的因素可能使人们更容易受到极端主义意识形态的影响，并导致整个地区容易出现激进化和暴力事件。事实上，贫困、失业、收入不平等和教育水平低下都是激进化、极端主义和大规模枪击事件的相关因素。[3]

---

[1] 科普兰等（Copeland et al., 2020）。
[2] 扬布路德（Youngblood, 2020）。
[3] 皮亚扎（Piazza, 2015）；麦地那等（Medina et al., 2018）。

社会认同和心理、神圣价值观①、神经认知缺陷、情绪和非人化是影响激进化和暴力行为的内部因素。外部因素包括环境、文化、激进的社交网络、人口学因素、感知到的不满、创伤性的经历和社交媒体（包括真实和虚假的展现）。②绝望情绪的蔓延也越来越多地被视为国家安全问题和人类幸福危机。

结论和后续步骤

本章提供了大量证据（有些是新颖且有争议的），以说明希望或缺乏希望在规划我们的未来时所起的作用。虽然缺乏希望——从绝望到相关的或更严重的心理健康问题——曾经是被遗忘的少数人面临的一个问题，但现在它已成为社会危机。

部分原因是技术驱动的经济增长给世界各国带来了挑战。这也是因为美国日益成为一个赢家通吃的社会，对落后者几乎没有

---

① 神圣价值观是被个人或群体视为极其重要和不可侵犯的价值观和信仰。——译注

② 与此相关的是，肯尼斯·汤普森（Kenneth Thompson）教授根据他在药物滥用和心理健康服务管理局的经验，强调了激进化的另一个因素：经历过令他们和/或其家人被蒙羞的事件的心怀不满的年轻人的脆弱性。汤普森教授是布鲁金斯学会绝望与经济复苏工作组的积极参与者，也是宾夕法尼亚州精神病学委员会的主席，并且活跃在匹兹堡-格拉斯哥的复苏项目中。

帮助或同情。[①]例如，美国的社会福利和卫生系统比任何其他富裕国家都更分散。虽然美国人有可能获得世界上最好的医疗保健（如果负担得起），但也有可能得到的是最差的医疗保健服务。如果美国人失业或落后了，那么他们的未来是完全不确定的。对于普通人而言，在没有富人的资产和优势的情况下适应这个体系是一项艰巨的挑战，在没有希望（或者令人难以置信的好运气）的前提下想在这个体系中获得成功几乎是不可能的。

那些过去最有可能取得成功或发展得更好的白人本地人，缺少受歧视者或外来者为生存而建立的共情社区，以及为求生而练就的应对技能。因此，少数族裔更有可能仍然相信美国梦（或其某种形式），以前最相信美国梦的人现在已经落后（他们对政府或其他类型的集体支持持怀疑态度）。他们缺乏在当下环境中的叙事，无论是受教育程度还是技能方面。当然，还有其他问题在起作用，例如希望和韧性背后的复杂动态，包括我们尚未完全理解的基因与环境之间的相互作用，以及现在正在发生的因绝望而导致的政治激进化和分裂的问题。

对于解决这种问题没有什么灵丹妙药，我也不声称这本书里有灵丹妙药。但我确实相信，如果不在失去希望的地方和人群中重建下一代人的希望，美国的社会将成为一个永久分裂的、没有可持续的未来的社会。接下来，我将提出一些证据，说明我们对

---

① 例如，参见里夫斯（Reeves, 2018）。

贫困青少年希望的决定因素和未来结果的了解，以及我们可以从那些失去希望的人身上学到什么。

本书的第三章和第四章基于我对低收入青少年的调查，举了一些例子，说明希望通过哪些路径对长期结果产生影响，其中包括心理因素，这对那些缺乏相关途径、对实现目标所需的机会和工具的信息掌握较少的人尤其重要。他们还提供了一些悲伤的例子，说明缺乏希望的负面影响。第五章提供了有关幸福及其引发的干预措施的研究实例，这些干预措施有望使民众和失去希望的地方重拾希望。最后一章提出了一些尚未解答的问题，既有关于希望的问题，也有关于困难的问题。

第三章

希望和意愿会带来更好的结果吗？

来自秘鲁青少年的纵向调查

为了更好地理解希望及其因果关系，我们采访了秘鲁和美国的贫困年轻人，他们处于高中毕业的关键时期，还在思考对教育和未来的投资。[1]我们最初在秘鲁设计并开展了两轮调查，然后在低收入的白人和美国黑人社区复刻了该调查（根据美国情况进行了调整）。我们的研究中最突出的发现是，秘鲁受访者和美国少数族裔受访者的希望和意愿水平较高，而白人年轻人的希望、意愿和对他人的信任水平较低。我们开展调查的目的是探索希望和相关意愿以及面向未来的行为之间的联系。我们根据希望与其能动性结合所产生的结果设计了调查及制定具体措施。

---

[1] 本章来自发表在《人口经济学杂志》上的格雷厄姆和鲁伊斯-波苏埃洛（2022）的研究。

我们在秘鲁开展的研究与现有研究的不同之处在于，我们明确地在两个时间点收集了受访者的意愿和人格特质的数据，目的是了解它们之间的相互作用。（我们只收集了一轮美国调查数据，这一点在第四章中进行了讨论。）虽然我们认为意愿集中在具体目标上，但也认为意愿和希望与人们追求未来更美好生活密切相关。因此，我们的调查包括关于五大人格特质的问题，以及青少年对未来做出关键决定时的问题。据我们所知，这是同类研究中为数不多的调查，这种探索既有好处，又有风险。

我们探讨了意愿与个人未来投资倾向之间的联系，并提出了四个相关目标。首先，我们的目的是探索参与者的教育意愿（以及与职业和迁移意愿的比较），并了解意愿如何随着人格特质、童年经历以及家庭的情况而变化。其次，这项研究的纵向性质使我们能够研究个人的意愿如何随着时间的推移而变化。如果可能的话，我们会确定青少年是否实现了他们的意愿，或者他们是否错误地预测了自己的未来。再次，我们研究了意愿与自我效能感、主观幸福感和控制点等广泛人格特质之间的联系。最后，我们探讨了高意愿是否与更好的人力资本成果相关。我们通过观察个人对于投资自己未来的倾向来调查这一点，通过教育成果和时间投入，以及违法等危险行为来衡量。

青春期是一个探索时期，个人开始发展自我认同，并对自己的未来做出重要决定，包括教育、人际关系、进入劳动力市场和关乎健康的行为。[1]危险行为，例如不安全性行为、酗酒和犯罪往往也会在这一时期出现，可能会影响青少年对于未来的规划。[2]不良的自我概念（例如自尊）和绝望也是青少年做出不良行为的重要风险因素。[3]尽管意愿是许多行为的核心，也是行为科学研究者感兴趣的主题，但我们对于意愿如何塑造这些行为和随后的结果知之甚少。更好地理解这种关系对于青少年来说尤其重要，因为他们正处于人生的某个阶段，意愿可能会指导他们对未来的选择。

如果目标无法实现，高意愿也可能会导致沮丧。一项基于印度"年轻人"（Young Lives）面板研究发现，（父母和青少年的）意愿与教育成果之间的关系呈倒U形曲线，过高或过低的意愿都会使教育成果最终落在"钟形"曲线的两侧（Ross, 2019）。与这一结果一致的是，另一项研究发现，未来的意愿——但不是太远（可以在更短的时间内实现）——为关键投资提供了最佳激励。同时，机会的可获得性以及塑造意愿的社会和环境因素可能会削弱弱势群体的意愿。[4]

---

[1] 索耶等（Sawyer et al., 2012）。

[2] 波苏埃洛等（Pozuelo et al., 2021）；斯坦伯格（Steinberg, 2004）。

[3] 曼（Mann, 2004）。

[4] 参见罗斯（Ross, 2019）；雷（Ray, 2006）；弗鲁特罗等（Fruttero et al., 2021）。

这项研究还重点关注了未被充分研究且明显处于弱势的人群。大多数探索青少年意愿与人力资本成果之间关系的证据都来自高收入国家的研究。[①]来自中低收入国家的证据仍然很少，而世界上90%的青少年生活在这些国家，这些国家可获得的资源和可用的支持系统非常少，这项研究有助于缩小高收入国家与中低收入国家的差距。

我们的研究结果表明，相对贫困的个体的意愿可能很高，而且在本已充满挑战的环境中，这种意愿也能抵御一系列负面冲击。事实上，我们发现随着时间的推移，意愿相当稳定，考虑到我们的受访者都很年轻，正处于不断发展和变化的时期，这一点尤其值得注意。我们样本中的意愿与自我效能感和主观幸福感等人格特质呈正相关。最后，我们发现，高意愿与积极的人力资本成果（例如更多的教育投资和对危险行为的规避）密切相关。

意愿及其决定因素

意愿（aspirations）通常被定义为实现某事的希望或抱负。意愿的概念跨越多个通常相互关联的维度，既有个人层面的（例如，一个人所追求的教育水平、工作类型、生育子女个数和社会

[①] 比尔和克罗克特（Beal and Crockett，2010）；马勒等（Mahler et al.，2017）；施密德等（Schmid et al.，2011）；勒纳（Lerner，1982）。

地位），又有集体层面。这个概念与期望（expections）不同，期望通常包含个人的信念，即他们认为通过努力可以实现的目标——最有可能或最现实的结果。①虽然意愿是针对特定目标（例如更高的教育水平）的，但这些意愿也可以是实现更远大和不太明确的目标的一种手段，例如拥有更好的生活（希望带来的更远大的目标）。

更正式地说，意愿具有三个独特的方面。它是面向未来的，因为它涉及未来要实现的目标，它是努力的激励和驱动力，因为它使我们能够将努力和注意力集中在实现目标上，并远离无关紧要的活动。最后，它需要通过一定的努力才能实现。②

意愿会随着时间的推移而演变，因为它是由个人特质、个人经历、家庭以及与社会环境的互动塑造的。意愿还可能与能力和才能等客观因素相互作用，形成良性或恶性循环。因此，有几个因素被视为意愿的潜在决定因素，这些因素之间可能存在相互作用。许多行为经济学家的观点是，意愿是从个人过去的经历中得出的，同时又深受个体过去的经历影响。③根据这个观点，个人会调整自己的意愿，使之有可能实现。

这种观点对生活贫困的人们有影响，因为缺乏机会和/或可能性的信息可能会导致以下结果：产生意愿的能力降低；如果目标

---

① 道尔顿等（Dalton et al., 2016）。
② 伯纳德和塔夫斯（Bernard and Taffese, 2012）。
③ 吉尼科特和雷（Genicot and Ray, 2017）。

无法实现，就会感到沮丧；以及不断降低意愿的恶性循环。这种适应可能部分地被解释为对那些能力有限或生活条件不允许其实现意愿的人的一种心理保护机制，比如性别权利不平等情况下的女性。[1]

生活条件艰苦的人可能经常会报告说自己是"幸福"的——短暂满足的意义上——但他们通常在评价性问题上得分较低，而这些评价性问题促使他们将自己的生活作为一个整体来思考。与此同时，最近的文献中关于乐观（而不是意愿）的研究发现，一些生活贫困的群体比同等收入水平的其他群体要乐观得多。随着时间的推移，乐观的人往往在教育和健康领域表现得更好。例如，与低收入美国白人相比，低收入美国黑人和拉丁裔美国人就是这种情况。[2]

人格和社会心理学家（以及一些经济学家）提出了第二种观点，他们认为意愿与自尊、控制点和自我效能感等广泛的人格特质相关，但又有区别。研究表明，与智商等流体智力指标相比，人格特质更有可能随着时间的推移而演变，并与环境相互作用，这种相互作用会持续至中年。[3]反过来，这些人格特质可以预测

---

[1] 阿帕杜莱（Appadurai，2004）；道尔顿等（2016）；弗雷德里克和洛文斯坦（Frederick and Loewenstein，1999）；格雷厄姆（2011，2009）；雷（2016）。

[2] 格雷厄姆（2009）；格雷厄姆和平托（2019）。

[3] 阿尔姆伦德等（Almlund et al.，2011）；班杜拉等（2001）；以及德尔康和辛格（2013）。

未来的结果（例如受教育程度、健康和劳动状况），它与认知能力（对于个体未来的）衡量一样重要。[①]

正如第二章所述，我们认为意愿符合赫克曼和考茨（2012）所使用的更广泛的特质概念。他们使用术语"人格特质"来描述无法用抽象推理能力衡量的属性，这些属性有很多名称，包括软技能、非认知技能、性格和社会情感技能。这些不同的名称意味着不同的属性。术语"特质"暗示着持久性，也可能暗示着遗传性，而术语"技能"和"性格"表明它们是可以习得的。实证研究表明，认知和人格特质都可以在生命历程中发生变化，它们通过不同的机制和在不同的年龄段发生变化。

不过，赫克曼和考茨指出，心理学家和经济学家关于人格特质在决定结果中的作用的大多数研究都忽视了更深层的偏好或目标的作用，这些偏好或目标也可以被视为特质。实现这些目标需要某些特质，例如责任心。根据这种观点，特质是通过实践、投资和习惯而形成的，而这些特质又受到激励的影响。在各种情况下所表达的特质的明显稳定性可能是由于激励本身的稳定性。解释投资内生性的研究进一步证明了教育、认知和人格特质对结果的因果影响。因此，人力资本成果至少部分是内生于人格特质的。

赫克曼和考茨依赖于所谓的"五大人格特质"，即责任心、随和性、对经验的开放性、外向性和情绪稳定性。虽然这些在整

---

① 博尔甘斯等（2008）；赫克曼和考茨（2012）。

个生命历程中基本上是稳定的，但它们可能会受到经历和养育方式等的影响。我们在调查中使用的特质——例如乐观、自尊、努力工作的信念、精神状态、不耐烦和交友能力——具有这五个特质的许多要素。我们根据希望及其能动性作为意愿的核心特质来选择具体措施。我们对人格特质的选择也考虑它们是否已经在青少年心理研究中被测量。因此，我们以已有的关于人格特质的研究为基础，根据我们的关键问题和所研究的人群调整指标。鉴于我们关注的是青少年，他们与父母和/或同龄人的关系可能对形成偏好和激励至关重要。

研究方法

研究背景

我们与当时由玛丽·佩妮博士领导的利马营养研究所合作，对圣胡安德卢里甘乔地区的400名青少年进行了面板数据调查。第一波研究于2017年5—6月进行，青少年年龄为18岁和19岁，随后又在2020年2月进行了另一波数据采集，采访是在新冠疫情流行于秘鲁之前完成的。在从利马营养研究所收集每轮数据之前，本研究已获得机构审查委员会的批准。

圣胡安德卢里甘乔是利马一个大型的位于城郊且相对贫困的

社区，人口超过一百万，人们居住在五十平方英里的区域内。该地区有多个贫民窟，犯罪率和青少年失业率很高。[1]我们调查的青少年来自贫困或接近贫困的家庭。他们的生活水平参差不齐，既有通电、通自来水和安装排污管道的混凝土房屋，也有地铁和公共汽车等交通工具，但也有远离市中心，条件差得多的组装房屋。

如上所述，我们重点关注青春期后期的青少年（第一波调查时年龄为18—19岁），因为他们有丰富的教育和生活经验，同时也处于做出人生重要选择的关键时刻。他们中的大多数（83%）在第一波调查时完成了中等教育，并正在就继续接受教育、进入劳动力市场、组建家庭，以及诸如不安全性行为和药物使用等危险行为做出决策。

在过去的几十年里，秘鲁的教育体系经历了重大变革，在提供教育机会[2]、改进教师培训计划和增加教育支出方面取得了实质性进展。虽然取得了进展，但挑战仍然存在，例如农村和城市地区的教育机会和质量存在显著差异，并且持续体现在学生成绩统计数据中。

与世界上许多其他地方一样，不同层次教育的回报发生了变化。在秘鲁，1980—2004年，初等、中等和技术教育的回报率相

---

[1] 安德拉德-柴科和安德拉德-阿里纳斯（Andrade-Chaico and Andrade-Arenas, 2019）。

[2] 2018年，初等教育净入学率超过95%，中等教育净入学率超过89.3%。2017年高等教育毛入学率为70.7%（联合国教科文组织，2018）。

较于高等教育的回报率有所下降。在此期间，中等教育的回报率减半（从12.6%降至6.3%），而高等教育的回报率翻了一番，到2004年达到17.3%。[1]我们的受访者对大学和研究生教育的渴望表明他们意识到了这些回报差异。

虽然圣胡安德卢里甘乔受访者的父母没有接受过大学教育，并且从事低技能工作，例如建筑工人、出租车司机、家庭佣人和当地市场老板，但他们孩子的意愿表明他们强烈地意识到只有接受高等教育才能比父母做得更好。与此同时，该地区的非正式采访表明，父母在鼓励他们寻求高等教育方面发挥了重要作用。[2]

度量

意愿

我们询问了三个领域的意愿：教育（我们感兴趣的主要变量）、职业和迁移。受访者在这两波调查中被直接询问他们的意愿（例如以自我报告所需最低收入）。与使用其他衡量标准的间接方法相比，这种方法已被证实可以对个人意愿进行更可靠的衡量。[3]

---

[1] 山田（Yamada，2006）。
[2] 除了非正式采访之外，其中一位研究者在2018年11月在营养研究所上展示第一轮结果时，收到了许多支持这种模式的评论。
[3] 伯纳德和塔菲斯（2014）。

我们首先询问受访者希望完成什么层次的教育。该变量按四分制编码，其中0代表低意愿，3代表非常高的意愿（研究生教育）。然后我们询问受访者他们希望从事什么类型的工作或职业。我们使用国际劳工组织的国际标准职业分类（ISCO-08）对受访者的职业意愿进行排名。分数范围为0（初级职业）到8（管理职业）。最后，我们询问青少年是否愿意迁移到某个地方，如果愿意，又会迁移到哪里。该变量按八分制编码，以分数表示受访者渴望迁移的程度（0=不想迁移，7=渴望迁移国外）。

人格特质

情绪症状。使用优势和困难问卷（SDQ）的五项子量表进行测量，SDQ是使用最广泛的筛查工具之一，用来衡量年轻人内化问题（internalizing problems）。[1]该量表评估头痛和胃痛等症状，以及担心、不高兴/伤心、紧张和恐惧这些维度。

控制点。我们从利文森（Levenson's, 1974）的原始量表中选择了四个关于控制点的项目。其中两个项目测量内部控制点，而其他项目测量外部（其他强者和机会）控制点。所有上述项目均采用李克特量表进行测量，从强烈不同意（分数=0）到强烈同意（分数=3）。该量表评估个人认为决定其生活的力量。

自我效能感。我们使用了施瓦泽和耶路撒冷（Schwarzer and Jerusalem's）广义自我效能感量表中的五个项目（1995）。对于

---

[1] 古德曼（1997）。

每个项目，受访者可以从"完全不正确"（分数=0）到"完全正确"（分数=3）中进行选择。将五个项目的分数相加得出总分。这个量表衡量的是个人应对不可预见的情况或困境时的总体信心。

生活满意度。基于对坎特里尔生活阶梯问题的回答，衡量受访者当前对生活的满意程度。这个常用问题要求受访者将自己的生活状态置于一个九级的阶梯上，并将他们的生活与他们所能想象到的最好的生活进行对比。

我们还衡量了受访者对努力工作将使他们取得成功的信念、承担风险的意愿以及他们的社交能力、自尊心和乐观态度。我们通过经典的贴现率问题[①]来衡量不耐烦程度，让受访者在当下的即时金额和未来更高的金额之间做出决定。

我们对控制点和不耐烦（impatience）的测量——以及它们与我们对意愿的定义的密切联系——与霍夫施泰德（Hofstede）的长期导向概念有相似之处，他认为长期导向在不同的人和文化中是不同的（2001）。不过，我们关注的是同质群体内这些特质的差异，而不是跨文化的差异。加洛尔和奥扎克（Galor and Özak，2016）以及菲廖等（Figlio et al., 2019）侧重于危险行为、储蓄和教育方面的长期结果，这与我们的分析以及我们对时间偏好和延迟满足能力的衡量直接相关。

---

① 贴现率问题通常被用来衡量个体的延迟满足的能力，即个体愿意等待更有价值的未来奖励而不是选择立即获得较小的奖励。——译注

个人和家庭特征

社会经济地位。我们使用家庭资产指数来衡量受访者的社会经济地位，其中包括有关住房质量、获得服务的机会和耐用消费品拥有量的几个问题。我们创建了一个加权平均值，其中财富指数越高，表明社会经济地位越高。我们还收集了六种负面冲击的数据：被抢劫；他/她是否遭遇事故（定义为严重伤害，导致受访者无法进行正常活动和/或需要医疗护理）；自己或家庭成员生病或家庭成员死亡；父母一方或双方是否离开家庭；失业冲击；自然灾害。最后，我们提出了一系列有关教育、健康、家庭支持和就业的问题。

人力资本成果

人力资本成果包括学校成绩，这是根据受访者获得的最高教育水平以及他们是否为全日制学生来评估的。我们还询问了受访者完成与学校相关的任务所分配的时间，以及他们是否参加了追求职业发展活动，例如语言课程。

在一个单独的、自我管理的部分，我们询问受访者在与父母和同龄人互动时的自尊感；他们吸烟和饮酒的情况；他们对不安全性行为和犯罪的态度以及他们的倾向。这些问题的回答是可选的，受访者将答案装在密封的信封中再提供给采访者。

统计分析

为了探索高意愿是否会带来更好的未来结果，我们采取了两步法。

在模型1中，我们使用滞后的动态模型来探索第一波的意愿是否与第二波的未来结果相关。我们控制了一系列个人层面和家庭层面的特征以及人格特质的变量。

在模型2中，我们利用了数据的面板属性来估计个体固定效应模型。固定效应模型通过控制任何可能与解释变量相关的未观察到的不随时间变动的变量，剔除了混杂影响。[1]也就是说，在固定效应模型中，性别、父母受教育程度和种族等常量变量（观察到的或未观察到的）被剔除，从而消除了潜在混杂影响。尽管该模型不足以判定任何因果关系，但它使我们能够在控制人格特质变量的同时更好地识别意愿与人力资本成果之间的关系。

虽然模型2可能更精确，但模型1让我们能够探索青少年长期结果背后的动态。关于每个模型的更多信息可以在附录中找到。

结果

基本社会人口统计学和流失的分析

表3.1显示了两波数据的主要描述性统计。第一波数据中青少年平均年龄为18岁，样本中男性和女性各占一半。受教育程度相对较高，第一波数据中只有约3%的样本没有受过教育。到了第二

---

[1] 伍尔里奇（Woolridge，2010）。

波调查时,更多的受访者结婚、生子、失去父母。平均受教育年限增加,但青少年辍学人数也增加。总体而言,第二波样本中一半的人不再接受全日制教育。受访者表示,离开学校的主要原因是缺乏经济支撑(例如,受访者负担不起学费,不得不找工作)。大多数受访者(90.5%)经历过某种形式的负面冲击。最常见的冲击是被入室盗窃,其次是父母离开家庭、事故和家庭成员患病。

表3.1 基本社会人口学统计

	第一波 (n=400)	第二波 (n=301)	t统计量	p值
女性	53.8%	57%	−0.98	0.33
年龄(岁)	18	21	−57.18	0.00***
已婚	4.8%	17%	−4.95	0.00***
是否有子女	13.0%	19.9%	−2.12	0.03*
父母亡故	8.3%	13%	−2.04	0.04*
读过小学	97.3%	99%	−1.75	0.08
读过中学	82.8%	94%	−4.64	0.00***
正在读书	68.0%	50%	4.75	0.00***
平均受教育年限	11.8	14.3	−15.20	0.00***
过去一年中工作过	76.5%	79%	−0.92	0.36
目前有工作	35.3%	58%	−6.06	0.00***
主观相对收入(0—6分)	3.0	3.0	−0.4	0.73
经历负面冲击的平均次数	2.3	1.3	10.36	0.00***

注:除年龄、平均受教育年限、主观相对收入、经历负面冲击的平均次数外,所有变量均为虚拟变量。两波数据差异的p值来自双尾t检验。星号代表统计显著性:*p<0.05,**p<0.01,***p<0.001。

从家庭层面特征来看，根据财富资产指数，大部分房屋通电、通水、有厕所。此外，超过95%的家庭拥有电视和电话，87%的家庭拥有冰箱，60%的家庭拥有电脑。许多受访者的父母未完成中等以上教育。如上所述，大多数父亲是建筑工人、非正规部门商人、公共汽车或出租车司机、木匠，而大多数母亲是家庭主妇、商人、街头小贩、裁缝、清洁工。

再访时有99名青少年退出调查，流失率为24.75%。（格雷厄姆和鲁伊斯-波苏埃洛，2002）［请参见附录中的表A.1，该表显示了可观察量之间的流失偏差。］平均而言，第一波样本中未接受全日制教育的男性在后续随访中辍学的可能性更大。流失的受访者的教育意愿略低。我们观察到职业意愿、迁移意愿或其他协变量（例如人格特质或危险行为）没有差异。关于面板调查流失率的研究，引用了不健康的生活方式或心理困扰等因素作为常见的预测因素，但这些因素似乎并未在当前案例中发挥作用。

对于这些人中的大多数（75%），我们都记录了流失的原因。这种情况很少见，因为大多数研究都缺乏关于流失原因的可靠数据。在我们的案例中，我们的调查团队努力寻找受访者流失的原因，并且通常能够获得有关他们离开朋友或家人的原因的信息。一半流失的受访者已经搬到了不同的地点（秘鲁境内的其他地方、西班牙或美国等国）。其余的人在采访时要么没有空（12%），要么在旅行（5%），要么在工作（4%）。其中三名家长拒绝参加调查，一名青少年因高危妊娠而无法参加。鉴于较高比例的流失人员出国寻找更好的工作，我们不能将流失归因于低意愿或表现较差。

在像秘鲁这样的城郊社区，年轻人搬到其他地方寻找更好的工作或其他机会是很常见的。在我们的案例中，那些具有较高教育意愿的受访者不太可能离开社区，可能是因为他们选择继续接受教育。更普遍的是，不同的面板数据的流失率差异很大。例如，兰德美国生活面板数据（Rand American Life Panel）的流失率较低，为15%，而更多的研究，流失率为30%—70%。[①]因此，我们针对生活在相对不稳定经济环境中的年轻受访者的面板数据流失率为25%，处于较低水平。

青少年期望未来做什么？

我们发现第一波受访者的教育意愿非常高。总体而言，我们的样本中有41%的人希望接受研究生教育（获得硕士或博士学位），47%的人希望进入大学，10%的人希望接受技术教育（附录图A.1）。几乎所有受访者（93%）都渴望迁移，其中一半的人希望迁移到同省的其他地区，约四分之一的人希望移民到遥远的国家（附录图A.3）。

想要迁移的主要原因是为了寻找更好的教育和就业机会，或者为了远离高发的犯罪和违法行为。我们发现三种意愿（教育、职业和迁移）之间都呈正相关关系。当被问及是否能达到理想

---

① 古斯塔夫森等（2012）。

的教育和职业水平时，89%和96%的受访者分别给出了肯定的回答。图3.1显示了意愿如何根据个人层面和家庭层面的特征而变化。为了绘制该图，我们以十分制的方式重新调整了三种意愿，以便在不同的意愿之间进行比较。首先，职业意愿显著高于受教育意愿和迁移意愿（职业意愿的平均水平为8.05，而受教育意愿的平均水平为7.57），并且这种差异在0.01水平上具有统计显著性。

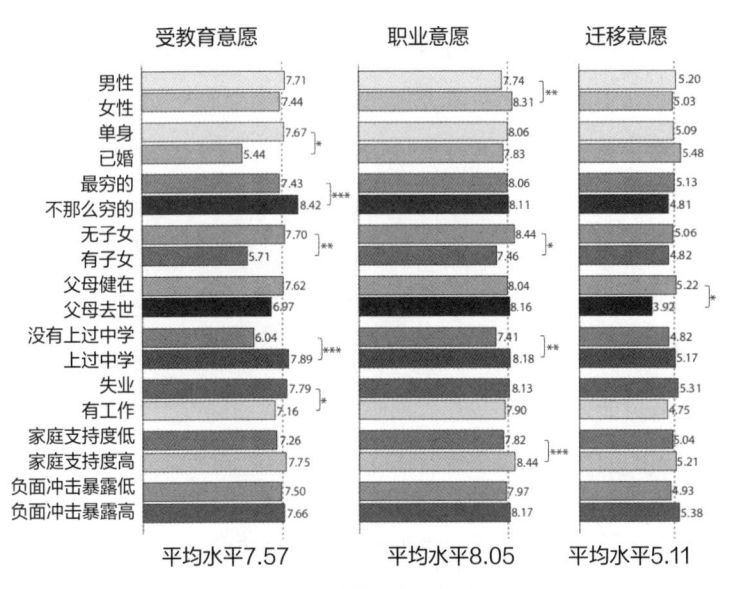

	受教育意愿	职业意愿	迁移意愿
男性	7.71	7.74	5.20
女性	7.44	8.31 **	5.03
单身	7.67 *	8.06	5.09
已婚	5.44	7.83	5.48
最穷的	7.43 ***	8.06	5.13
不那么穷的	8.42	8.11	4.81
无子女	7.70 **	8.44 *	5.06
有子女	5.71	7.46	4.82
父母健在	7.62	8.04	5.22 *
父母去世	6.97	8.16	3.92
没有上过中学	6.04 ***	7.41 **	4.82
上过中学	7.89	8.18	5.17
失业	7.79 *	8.13	5.31
有工作	7.16	7.90	4.75
家庭支持度低	7.26	7.82 ***	5.04
家庭支持度高	7.75	8.44	5.21
负面冲击暴露低	7.50	7.97	4.93
负面冲击暴露高	7.66	8.17	5.38
平均水平	7.57	8.05	5.11

图3.1　按小组划分的意愿

注：该图根据第一波的数据绘制。我们以十分制的方式重新调整三种意愿，以便于比较三种意愿的平均水平。所有个体特征均为虚拟变量。星号代表统计显著性：$^*p<0.05$，$^{**}p<0.01$，$^{***}p<0.001$。

根据个体特征的不同，意愿也存在一些异质性。例如，我们发现已婚和有子女的青少年的受教育意愿较低。这并不奇怪，因为那些在年轻时结婚或生孩子的人愿意继续接受教育的可能性较小。我们还发现穷人的受教育意愿较低。例如，38%的贫困家庭受访者希望接受研究生教育，这处于中下水平，而来自最高收入家庭的受访者这一比例为56%。未接受中学教育并就业的受访者的受教育意愿也较低——大概是因为他们不得不缺课或中断学业。

与此同时，受过中等教育、没有子女以及生活在家庭支持度高的家庭中的女性的职业意愿更高。最后，那些失去父母的青少年的迁移意愿较低，可能是因为他们必须留在家里帮助照顾其他家庭成员。

总的来说，我们发现，那些没有受到负面冲击的人与那些遭受强烈负面冲击的人的意愿水平没有差异。这可能是因为抢劫或事故等负面冲击在圣胡安德卢里甘乔这样的社区很常见，使得人们更有可能适应它们。尽管面临种种挑战和困难，人们在困境中培养出的韧性，可能是他们坚持下去的重要动力。

意愿会随着时间而改变吗？

意愿可能会因新的经历、过去的成就和失败，以及与社会和环境的互动而发生变化。随着时间的推移，个人对世界和可能发生的事情有了更深入的了解，尤其是在青春期，开始根据现实情况重新调整自己的行为。[①]而且，如上所述，由于经历和偏好不断变化，个性会随着时间的推移而演变。与此同时，正如赫克曼和考茨所观察到的那样，如果意愿和相关目标是由强烈的偏好和激励塑造的，那么它们更有可能随着时间的推移而持续存在。

在第一波数据中，我们的受访者年龄在18至19岁之间，此时他们可能拥有丰富的教育和生活经验，能够认识到实现意愿时可能会遇到的个人和环境因素的阻碍，从而根据现实调整意愿。事实上，我们发现教育意愿随着时间的推移保持相对稳定（附录中的表A.2）。我们对两波平均意愿差异进行t检验，但未能拒绝这两者不同的零假设（$p=0.09$）。这种模式也与职业意愿（$p=0.7$）和迁移意愿（$p=0.8$）一致。约一半的样本保持其意愿不变，其余样本约一半为意愿提高、约一半为意愿降低（图3.2）。

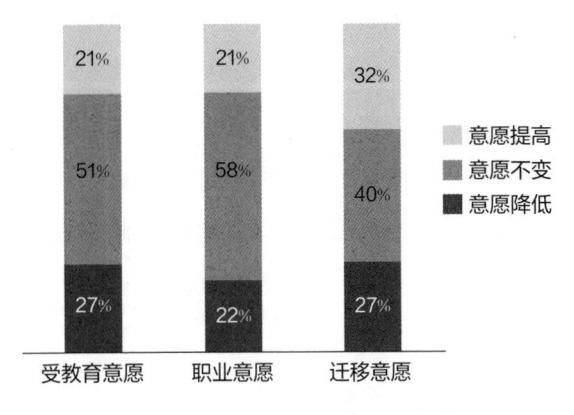

图3.2 个人意愿随时间的变化

[①] 戈特弗雷德森（2002）；塞巴斯蒂安等（2008）。

乐观主义者会错误预测自己的未来吗？

这个叙述中一个明显的问题是乐观主义者是顺利地实现了他们的意愿，还是错误地预测了他们的未来。从长远来看，错误的预测可能会导致沮丧和更糟糕的结果。或者，这可能只是因为天生乐观的受访者的幸福感不会（轻易）发生变化，无论遭遇冲击还是挫折，他们仍然保持乐观。

由于我们没有观察到完整的教育或劳动力市场轨迹，我们无法衡量大多数样本的意愿是否实现。到了第二波调查时，受访者年龄为20—22岁，其中三分之一仍在上大学。在第二波数据中，只有四名受访者完成了大学学业（这些人在第一波调查时都渴望实现这一目标）。对于那些进入大学学习的人，我们只能得出结论，他们正在努力实现自己的意愿，但不能代表他们的最终结果（完成大学学业）。

在那些有较低的教育意愿并且有足够的时间实现目标的个体中，我们观察到那些在第一波调查时渴望进入技术学校的个体（样本量为39），在第二波调查时实现了他们的意愿。虽然样本量很小，但结果表明，青少年为自己设定的意愿是符合现实的。

意愿和人格特质相关吗？

个人的意愿取决于他们对自己所能实现的目标的信念以及他

们的人格特质。通常，个人会评估其内部和/或外部约束（个人的控制点和/或信用）并排除一些无法实现的选择。特别是对于那些生活贫困的人来说，这起着至关重要的作用，由于信息不全面，个人的回报感知往往不准确。

我们样本中人格特质的平均水平很高，并且在第二波调查数据中仍保持该水平（附录中的表A.3）。随着时间的推移，受访者的内部控制点[①]、自尊和乐观得分都会提高，也更愿意承担风险。平均而言，这两波调查的生活满意度得分都相对较高。大多数受访者（79%）认为他们在第一波调查时比十年前更快乐，同样，大多数受访者（76%）认为他们在第二波调查时比在第一波调查时更快乐。这与我们的其他研究结果一致，我们对一段时间内的乐观水平进行探索后发现，早期乐观的受访者往往会在后期保持乐观，并且收入较高，在教育领域表现得更好，即使他们在此过程中遭受了一些负面冲击（格雷厄姆和平托，2019；奥康纳和格雷厄姆，2018）。在表3.2中，我们报告了三种意愿和人格特质之间的成对相关性（pairwise correlation）。教育意愿与自我效能感、主观幸福感和努力工作的信念呈正相关，与不耐烦呈负相

[①] "控制点"概念的延伸，内部控制点指这类人相信他们的行为和决策在很大程度上可以影响他们的生活结果，认为自己是命运的主宰者，他们倾向于通过自己的努力来改变生活；与之相对的是外部控制点，这类人认为他们的生活结果主要受到外部因素的影响，如运气、他人或其他不可控因素，他们倾向于认为自己对事件的控制有限。——译注

关。职业意愿与不耐烦和愿意承担风险呈负相关,与努力工作的信念呈正相关。迁移意愿与努力工作的信念相关。

表3.2　不同类型的意愿和人格特质之间的相关性

	受教育意愿	职业意愿	迁移意愿
情绪症状（0—10分）	−0.04	0.04	0.07
内部控制点（0—6分）	0.05	0.01	−0.02
外部控制点（0—6分）	−0.06	0.01	0.06
自我效能感（0—15分）	0.09*	0.04	0.05
主观幸福感（0—8分）	0.13***	0.01	0.03
不耐烦	−0.11**	−0.09*	−0.04
努力工作的信念	0.12**	0.11**	0.08*
愿意承担风险	−0.02	−0.08*	0.00
交友能力	0.01	0.04	−0.04
自尊	0.04	0.04	0.04
乐观	0.02	0.05	0.07

注：前五个变量为分数,括号内为范围。其余的变量为虚拟变量。两波数据合并计算成对相关性。星号代表统计显著性,如下：*$p<0.05$, **$p<0.01$, ***$p<0.001$。

高意愿会带来更好的人力资本成果吗？

为了探讨这个问题，我们研究了意愿与未来结果之间的相关性，包括教育成果、时间使用以及青少年参与危险行为的情况（如药物滥用和犯罪）。在第二波调查时，我们的大多数受访者都尝试过饮酒，其中约一半的受访者尝试过吸烟，约三分之一有过不安全性行为（附录中的表A.4）。随着时间的推移、年龄的增长，参与这些行为的可能性会增加。模型1（滞后模型）的结果如表3.3所示。为了进行比较，我们报告了标准化回归系数β，并且仅显示了与三种意愿相关的参数。第一波调查的高教育意愿预示着第二波调查更好的结果。保持其他因素不变，第一波调查的教育意愿每增加1个标准差，平均受教育年限和选择成为全日制学生的概率分别增加了0.25个和0.27个标准差。同样，参与学校相关活动和追求职业发展活动的时间增加了0.30个和0.14个标准差。相比之下，第一波调查的教育意愿每增加1个标准差，吸烟和实施不安全性行为的可能性就会降低0.14个和0.19个标准差。第一波调查的职业意愿还预测着更好的教育成果以及参与学校相关活动的时间更多（职业意愿每增加一个标准差，前两者分别增加0.12个和0.16个标准差）。最后，强烈的迁移意愿与追求职业发展活动的时间增加以及携带武器的可能性减小相关。

表3.3 模型1-滞后模型：第一波调查的意愿对第二波调查的结果的影响

	受教育意愿 标准化 回归系数β	职业意愿 标准化 回归系数β	迁移意愿 标准化 回归系数β
平均受教育年限	0.25** (0.09)	0.12* (0.05)	0.04 (0.06)
全日制学生	0.27*** (0.06)	0.12* (0.06)	0.03 (0.06)
参与学校相关活动的时间	0.30*** (0.06)	0.16** (0.05)	0.02 (0.06)
追求职业发展活动的时间	0.14* (0.07)	0.01 (0.06)	0.13* (0.06)
吸烟	−0.14* (0.06)	−0.04 (0.05)	−0.05 (0.06)
喝酒	−0.03 (0.05)	−0.10 (0.06)	−0.07 (0.05)
不安全性行为	−0.19** (0.07)	−0.11 (0.07)	−0.08 (0.07)
携带武器	0.03 (0.04)	0.02 (0.02)	−0.10* (0.05)

注：每一行都是一个独立的回归。我们使用稳健标准误差（括号中）和整个样本的标准差对系数进行标准化。每个回归控制以下个人和家庭层面特征的变量：性别、所经历的冲击总数，以及根据耐用消费品拥有量、住房质量等信息构建的家庭资产指数。我们还控制了以下人格特质的变量：情绪症状、控制点（内部和外部）、自我效能感、主观幸福感、不耐烦和努力工作的信念。星号表示统计显著性：*$p<0.05$，**$p<0.01$，***$p<0.001$。

为了更好地识别意愿与人力资本成果之间的关系，我们指定了一个个体固定效应模型。结果如表3.4所示。总的来说，我们发现了与模型1相似的结论，特别是在教育意愿方面。具体来说，教育意愿每增加1个标准差，选择成为全日制学生的概率和参与学校相关活动的时间将分别增加0.26个和0.21个标准差。这些效应值与模型1中的类似。高教育意愿也意味着不携带武器的倾向，这在第一个模型中并不算是一个重要的发现。此外，职业意愿每增加1个标准差，吸烟的可能性就会降低0.18个标准差。其余的相关性在统计上并不显著。①

表3.4 模型2-个体固定效应模型

	受教育意愿 标准化 β系数	职业意愿 标准化 β系数	迁移意愿 标准化 β系数
平均受教育年限	0.08 (0.06)	0.01 (0.05)	0.02 (0.06)
全日制学生	0.26*** (0.06)	0.08 (0.07)	0.05 (0.06)
参与学校相关活动的时间	0.21*** (0.05)	0.03 (0.05)	0.02 (0.06)

---

① 模型1和模型2的完整版本可以在附录中的表A.5和A.6中找到［格雷厄姆和波苏埃洛（2022）］，图A.4比较了滞后模型（模型1）的系数以及与教育意愿的固定效应的相关性（模型2）。

续表

	受教育意愿	职业意愿	迁移意愿
	标准化 β 系数	标准化 β 系数	标准化 β 系数
追求职业发展活动的时间	-0.07 (0.06)	-0.04 (0.06)	-0.04 (0.07)
吸烟	-0.05 (0.06)	-0.18** (0.06)	0.11 (0.06)
喝酒	0.07 (0.06)	-0.07 (0.07)	0.10 (0.07)
不安全性行为	-0.00 (0.07)	-0.02 (0.08)	0.10 (0.07)
携带武器	-0.14* (0.07)	-0.13 (0.07)	0.03 (0.06)

注：每一行都是一个独立的回归。我们使用稳健标准误差（括号中）和整个样本的标准差对系数进行标准化。每个回归控制了以下个人和家庭层面特征的变量：婚姻状况、就业状况和所经历的冲击总数。我们还控制了以下人格特质的变量：情绪症状、控制点（内部和外部）、自我效能感、主观幸福感、不耐烦和对努力工作的信念。星号代表统计显著性：*$p<0.05$，**$p<0.01$，***$p<0.001$。

更普遍地说，固定效应表明，在保持人格特质不变的情况下，意愿与人力资本成果之间的关系是稳健的。如上所述，其原因之一是，意愿和其他特征是内生于人格特质的目标和偏好的，这也解释了意愿和其他特质的持久性。这很直观，但这也使识别清晰的因果关系的任务变得复杂。

结论

我们的研究试图阐明意愿在创造更好的未来成果方面的作用。我们对位于秘鲁利马城郊的一个相对贫困的社区的青少年（18—19岁，第一波调查）进行了面板调查。我们询问了三个领域的意愿：教育、职业和迁移，特别关注教育。我们根据以下情况设计了其中的具体措施：我们将探索希望的作用——我们认为这是一个尚未得到充分研究但很重要的特征——与作为意愿及其导致的结果的能动性结合。因此，我们的调查包括针对青少年对未来做出关键决定时的问题。据我们所知，我们的调查是此类调查中的少数，这种探索既有好处，又有风险。

我们的主要发现是调查人群的意愿非常高，超过80%的受访者希望完成大学或研究生教育。此外，随着时间的推移，意愿具有粘性，约一半的样本在两年后保持意愿不变（约四分之一的人增加了意愿）。最后，高意愿与更好的未来结果相关。第一波调查时的高意愿受访者更有可能获得更好的教育和健康相关结果，以第二波调查时的学校入学率、参与学校和职业发展活动的时间、危险行为（如物质使用障碍①和不安全性行为）来衡量。这支持了我们（和其他人）的先验假设，即对未来有高意愿和/或希望的个人更有可能投资于他们的未来并避免可能危及其未来的行为。

我们的研究有一些局限性。首先，我们使用观测证据研究了意愿与人力资本成果之间的关联，因此，我们并未声称这项研究存在任何明确的因果关系。为了最大限度减少潜在的内生性问题，我们控制了一系列重要的混杂因素，并指定了一个滞后模型和一个固定效应模型（通过控制固定效应的变量来消除可能与解释变量相关的任何未观察到的混杂影响）。其次，我们依靠受访者的自我报告来衡量我们的结果，这可能会受到回忆或报告偏差的影响。尽管如此，所有敏感问题（例如，危险行为）都由受访者自行回答，这已被证明可以减少测量误差。②

再次，我们无法衡量大多数样本的意愿是否实现，因为我们没有观察到完整的教育或劳动力市场轨迹。虽然我们无法对他们的最终人力资本成果发表任何看法，但我们的结果表明，大多数受访者正在努力实现他们的意愿。最后，我们没有有关受访者同龄人及其意愿的数据。这对于处于青春期的青少年尤其重要，因为他们会花更多的时间与同龄人相处，更重视同龄人的想法（和

---

① 物质使用障碍是一种心理健康问题，涉及对某些物质（如酒精、药物等）的滥用或依赖。——译注

② 冈本等（Okamoto et al., 2002）。

意愿），而不是家人的想法。[1]

我们也没有讨论父母对孩子的期望。然而，基于对在该社区和利马工作的人们的访谈得出的数据表明，这些父母对教育的重要性有着强烈的共同信念——尽管他们没有接受过高等教育——这为我们样本中的年轻人提供了教育方面的支持。事实上，88%的受访者表示，他们的教育费用是由父母支付的。（我们在密苏里州的调查中明确探讨了父母意愿的作用，并得出了一些令人惊讶的结论。）

虽然具有相关性，但我们的研究结果表明，意愿可能是提高整体幸福和长期结果的重要因素。最近的证据表明，干预可以改变意愿，并且这可能对一系列人力资本成果产生因果影响。在多米尼加共和国进行的一项研究估计，提供有关教育回报的信息（从而改变教育回报感知）可使中等教育的完成时间延长0.20—0.35年。另一项关于巴西的人口普查数据发现，观看肥皂剧与接触坚强的女性榜样对降低出生率有显著影响，其中对社会经济地位较低的女性影响最大。比曼等人的研究表明，女性领导者的存在会影响青春期女孩的职业意愿和受教育程度。最后，在埃塞俄比亚农村进行的一项研究发现，播放一部以榜样为主角的纪录片可以提高成年人的意愿以及促使他们做出更好的储蓄和投资

---

[1] 布莱克莫尔和米尔斯（Blakemore and Mills，2014）。

决策。①

所有这些案例以及其他实验中的驱动路径似乎提供了一个以前不存在的希望。豪斯霍费尔和费尔的研究表明，向非洲非常贫困的人们赠送一头牛或其他牲畜——这为他们带来了希望——有助于改善了他们来年的家庭状况，希望是最重要的驱动力。虽然这些研究无法揭示这种行为变化持续可以多久，但它们至少暗示了一种良性循环。

在秘鲁，教育水平很高，足以让人们相信高等教育相对于中等教育的回报更高，这可能是一个重要的激励因素。然而，我们的数据还表明，乐观、自我效能感和内部控制点等特质与此无关。我们的研究结果表明，受访者的意愿是持久的，在两年内，大多数受访者的意愿保持在高水平。虽然两年时间并不长，但对于十几岁和二十岁出头的人来说，这通常是一个发生许多变化的时段，而且令人惊讶的是，大多数人的意愿是持久的。

这无疑表明，意愿不是转瞬即逝的特征，正如文献表明，由强烈偏好塑造的目标和激励有助于解释意愿的持久性。与此同时，秘鲁对教育的高度重视可能在意愿的持久性中发挥了作用。而且，如上所述，我们将意愿视为有针对性的具体目标，但也将其视为更广泛和不太明确的目标，例如寻求更好的生活。具体目

---

① 拉费拉拉等（La Ferrara et al., 2012）；比曼等（Beaman et al., 2012）；简森（Jenson, 2010）；伯纳德等（Bernard et al., 2014）。

标通常比更高目标更具体、更容易实现，例如达到一定的教育水平，这反过来又会带来更广泛的机会。

我们需要了解的还有很多，包括意愿的驱动因素以及个人和环境因素与意愿如何相互作用，以及从意愿到更好的人力资本成果的路径的一致性和持续时间。我们的研究结果表明，希望和意愿对实际结果很重要，并且它们对贫困人口可能尤其重要。这是因为他们没有（与富裕人群）同等水平的财务支持和其他支持，富裕人群能够对其人力资本进行关键性投资。下一章将讨论我们对美国低收入青少年进行的一项规模小得多但结果类似的调查。

第四章

对未来抱有不同愿景的年轻人

美国梦能否延续？

是什么决定了希望和绝望？对于对自己的未来进行重大投资（或不投资）的年轻人来说，这是一个关键问题。在上一章中，我们发现秘鲁的低收入青少年对更高水平的教育和更好的未来有着令人惊讶的高水平愿景。可悲的是，在我们的调查中，并非所有低收入年轻人的情况都是如此。美国人，尤其是年轻白人，总体上对自己的未来不抱希望，缺乏接受高等教育的意愿。在这片曾经充满机会的土地上，人们普遍相信努力工作和接受教育就可以获得成功，这中间发生了什么呢？

相比之下，正如我在第三章中所描述的，我们发现秘鲁人始终抱有很高水平的希望和意愿。88%的受访者渴望上大学，甚至希望接受研究生教育；95%的受访者认为他们可以实现目标。

而且，至少在三年后的一项后续调查可以证明，这些意愿是持久的，而且大多数雄心勃勃的受访者在三年后都有望实现他们的目标。尽管存在负面冲击，但这些意愿似乎仍然存在（个人健康方面的意愿除外）并且通常得到了家庭或社区中导师的支持。

我们对密苏里州圣路易斯的低收入青少年进行了类似的调查，重点关注希望和对高等教育的信念的种族差异。我们的研究结果中最值得注意的是不同种族之间的巨大差异：只有三名黑人或其他少数族裔青少年表示自己的意愿基本无法达成，也没有父母支持；而只有两名白人受访者表示自己的意愿有希望达成，父母也支持他们的意愿。

这些差异并不是由收入或其他物质层面的差异（白人受访者平均而言更富有，至少在自我报告的收入方面）、健康和获得医疗保险方面的巨大差异（黑人青少年不太可能有医疗保险）造成的。虽然与白人青少年相比，黑人青少年的父母中更有可能至少有一位受过大学教育，但他们中有一方不再住在家里或已去世的可能性更大。

巨大的文化差异似乎正在发挥作用。白人受访者更有可能拥有强大的自控力和相信个人努力的信念，他们不太可能信任他人和邻居。白人家庭与少数族裔家庭相比，更有可能拥有自己的住房，但少数族裔仍然更有希望，更有可能想要继续接受教育。

样本量小而深入的调查结论有一定的局限性。尽管他们的人生道路上存在同等或更大的障碍，少数族裔仍然更有希望，更有可能投资于自身以获得成功。相比之下，低收入白人在收入、教育和健康状况方面都落后于富裕的白人同龄人；在某些领域，他们也被比过去表现得更好的低收入少数族裔超越，他们不相信自己的未来会更好。虽然这些模式出现在关于不同种族乐观程度和韧性差异的大量数据中，但它仍然是惊人和发人深省的，这个模式在下一代的层面上也是一致的。

对密苏里州调查的思考

随着秘鲁研究的结束，我们在2019年9月开始密苏里州的调查研究。经过最初的一些常规性延误之后，由于新冠疫情暴发，我们在开展调查时遇到了重大障碍。我们在两个学区负责人——詹宁斯县的阿特·麦考伊（Art McCoy）和汉考克县的凯文·卡尔（Kevin Carl）（两人都以致力于提高其所在的长期陷入困境的地区的学校教学质量而闻名）的帮助下，以及基于芝加哥大学美国舆论研究中心（NORC）的专业知识和后勤支持开始了调查。我们最初的目的是，在NORC人员的监督下，在每个学区的社区中心通过面对面访谈的方式进行调查。

詹宁斯县主要是美国黑人居住，汉考克县主要是白人居住。这两个地区还有一些其他少数族裔。我们的受访者中有一位来自泰国，一位是刚搬到圣路易斯，来自堪萨斯州的阿拉伯男性，还有一些拉丁裔受访者。不过，总体而言，美国黑人和白人跨地区均匀分布。

新冠疫情期间，我们两次推迟了面对面采访，之后采取了邮件调查的方式。邮件最初于2021年7月发送，最后一批回复提醒于2021年12月发出。截至本书撰写时（2023年），我们从150名年龄在18—20岁受访者中收到了32份回复。我们向他们发送了问卷（我们根据学校提供的邮箱地址列表向每个学区的2020年毕业生和2021年即将毕业的学生发送了问卷），这些受访者即将毕业或刚刚高中毕业。我们希望再收到大约10份问卷。

该调查问卷（附在本书末尾）是针对美国情况改编的秘鲁调查版本。它涵盖了类似的背景问题，包括受访者的生活状况和他们与父母的关系；他们的财务、健康和教育状况，以及他们对未来教育水平、就业、迁移或搬到有更多机会的地方的意愿。我们还询问了一系列关于未来的希望、控制点、自尊和目标实现的问题，以及有关吸烟、饮酒和不安全性行为等危险行为的信息。

完成调查的受访者在第一轮（2021年7月）中收到了一张价值25美元的礼品卡，在最后一轮（2021年12月）中收到了价值40美元的礼品卡。我们的回复率（大约20%）令人失望，但在当今的调查研究环境中，这并不算低，而且对于向通常不太可能回复的群体进行邮件调查来说也不算低。然而，完成调查的受访者似乎给出了诚实而完整的信息。只有一名受访者没有填写她的姓名和地址，也没有填写调查问卷上的大部分问题（因此她的礼品卡被取消）。

我们的受访者主要来自圣路易斯——只有少数人近年来从其他城市或州搬来——大多数人一生中的大部分时间都住在同一个房子里。几乎所有人都表示他们想搬家——至少搬到另一个县——同时表示他们没有技能和财力支撑他们这样做，而圣路易斯是他们的家人所在的地方。（值得注意的是，圣路易斯的人倾向于留在那里；该地与人均收入大致相同和规模接近的城市相比，人口外迁率较低。）[1]

回答的模式

由于样本量较小，我们不可能对调查结果进行稳健的计量经济学分析。尽管如此，如上所述，与其他人口统计差异相反，不同回答之间存在显著的规律性，特别是不同种族之间的回答，这些规律性反映了低收入群体对教育的不同希望和信念，并且根

---

[1] 2015—2019年圣路易斯的迁出率为每千名居民32人，而巴尔的摩为每千名居民39人；丹佛为每千名居民48人；圣何塞为每千名居民53人；弗吉尼亚海滩为每千名居民94人。资料来源：2000年美国社区调查。感谢我的同事，华盛顿大学圣路易斯分校的永春（Yung Chun音译）和斯蒂芬·罗尔（Stephen Roll）整理了这些数据。

据种族的不同，既有令人惊讶的积极的一面，也有悲惨的消极的一面。

如上所述，美国黑人受访者比白人更有希望，更有可能信任他人，并且他们父母中至少一方会支持他们的教育意愿，这些模式非常一致。虽然美国黑人年轻人经常缺少父母中的一方，但他们父母中的一方更有可能接受过大学教育。调查中的其他少数族裔受访者，除了少数例外，往往表现出美国黑人受访者身上的充满希望的特质。

白人受访者对于自控力和相信努力工作的信念方面的回答往往比少数族裔更一致，同时对社区中的人的信任度较低，与父母的关系也较差（尽管也有例外，但普遍如此）。同样值得注意的是，白人受访者的父母不支持他们接受高中以上的教育。只有少数家长支持孩子额外接受一年或两年的技术或职业教育；十五名白人受访者中只有两人的父母支持其完成大学学业（其中一人是单亲妈妈，她很支持孩子接受教育，但无法为其提供资金）。

白人受访者的父母更有可能从事体力劳动或蓝领工作，例如卡车驾驶，而黑人受访者的父母更有可能是护理人员、医疗助理、操作员、物流助理，或失业（父亲比母亲更有可能失业和/或缺席）。还有证据表明，一些黑人祖父母担任看护人的角色，而白人则没有这样的情况。

同样引人注目的是白人和黑人在坎特里尔生活阶梯上回答的差异——无论是现在还是未来。正如我们从盖洛普成人调查中获得的大规模样本数据的情况一样，黑人受访者在未来阶梯上的得分比白人更高（并且往往在当下的阶梯上得分也更高），这表明他们对未来的希望程度不同。这些可能反映了一些回答上的文化偏见，但正如我们在更大规模的样本调查中探索的那样，同样乐观的黑人受访者很清楚自己所面临的现实，并且比白人对自己的财务状况和居住地更加不满意。

我们的黑人受访者更有可能做志愿者，在社区服务，信任邻居，并在需要的时候有可以依靠的朋友和家人。同时，他们也比白人更有可能携带武器以保证他们的社区安全。犯罪似乎是所有受访者都关心的问题。只有少数受访者表示遭到殴打或伤害，令人惊讶的是，施暴者很可能来自他们的家庭内部，而且这样的状况在白人受访者中更普遍。

危险或不安全的性行为似乎并不是一个主要问题，或者至少受访者没有报告这是一个主要问题，并且只有一名受访者报告说在她不愿意的情况下发生了性行为。一些受访者尚未发生性行为，但大多数人似乎都接受过有关避孕和不安全性行为的教育。

我们的研究结果充满希望，因为低收入美国黑人受访者将教育视为改善生活的一种方式，并相信最终会得到回报。另外，白人受访者的低教育意愿——以及父母对高中以上的教育缺乏支持——可能会导致下一代低收入白人陷入绝望，因为高中教育是不足以帮助下一代适应当下（甚至未来）的劳动力市场的。

不同种族之间的差异也很突出，导师/父母的支持发挥了关键作用。如果缺乏一些支持和对现有机会的了解，在不利的情况下人们很难对未来保持希望。我们的调查清楚地表明，青少年缺乏关于现有机会以及他们需要利用哪些技能的信息。虽然父母掌握的信息可能也有限，但他们对孩子对未来成功的希望和意愿的不支持也令人惊讶。第五章回顾了我们对旨在支持希望的干预措施的了解以及指导的重要作用。

韧性和希望破灭的故事

受访者之间出现了一致的回答模式，无论他们的种族或性别如何，有一些差异值得注意。在大多数情况下，即使遇到麻烦，受访者也表现出同样的充满希望或不抱希望的模式。本节中的故事讲述的是因新冠疫情的不确定性而破灭的希望、疾病带来的冲击、破碎家庭的代价，以及面对这些问题时人们表现出的非凡韧性。为了保护隐私，受访者的名字已被更改。

泰勒是一名二十岁的白人男性，大约在接受这项调查的五年前从佛罗里达州坦帕搬到圣路易斯。他是残疾人，没有工作，他有伤残保险和医疗保险。他很焦虑，想搬家，但没有技能或经济能力支撑他这样做，这是大多数受访者共同面对的主题，无论种族和性别。他的母亲希望他上大学（这在白人父母中很少见），但他认为他不太可能成功。他、他的父母和他的朋友都抽烟。他对未来没有真正的希望或意愿，他看起来很孤独。他大部分时间都在玩电子游戏，只有几个朋友。

斯拉夫裔白人男性达赖厄斯也讲述了类似的故事。与泰勒不同，他身体健康，这反映在他更高的阶梯分数上（当下7分，过去9分，未来8分）。他的母亲希望他上大学，但他并不抱太大希望。虽然他和父母相处得很好，但他很难交到朋友。他知道什么是不安全的性行为，他不吸烟，但喝酒，偶尔吸食大麻。他有极强的自控力，似乎掌控着自己有限的未来。和泰勒一样，他的眼界也相当有限，对未来没有规划。

另一位白人男性德文，十八岁，一直住在圣路易斯。他的母亲和父亲分别拥有高中和大学学历。他是一名高中生，想就业但找不到工作。他很孤独，自述有些抑郁，不快乐，没有很多朋友。他与父母相处不融洽，还遭到家人殴打。他很焦虑，但不抽烟、不喝酒、不吸毒，而且他的性行为不活跃（他没怎么受到过性教育）。他确实会思考未来和职业发展，而且他有很强的自控力。像许多白人受访者一样，他对未来的愿景更倾向于以个人为导向，而不是以社区为导向，他不想寻求家人或朋友的支持。

大多数美国黑人受访者更有希望和社区支持的情况与上面的叙事形成鲜明对比。例如，阿什利是一位十九岁的女性，她很爱她的家人，对未来充满希望。她的阶梯分数当下是8分，过去是

10分，未来是10分。她说，她的母亲是一名受过高中教育的电话接线员，她支持她上学，并希望她上大学，即使她们对新冠疫情的不确定性和财务状况感到担忧。她的父亲失业了。她与父母相处融洽，喜欢与家人在一起，做运动。她抽烟，不喝酒，但吸食大麻。

同样，十八岁的贾米亚也充满希望。她的阶梯分数当下是8分，过去是5分，未来是10分。她计划获得副学士学位，并认为自己可以实现目标。她并不焦虑，并花费大量时间参加志愿服务和社区服务。她性生活频繁，但受过性方面的教育并采取避孕措施。她与父母、朋友和家人相处得很好。

十九岁的男性安东尼也是这样的。他的阶梯分数当下是10分、过去是10分、未来是10分。他是一名高中生，正在参加工作培训计划，计划获得技术学位。他的父母都没有高中学历，但支持他实现目标。他经常做志愿者，和父母相处融洽。他也想搬家，很大程度上是因为这里的犯罪率，但他的家人都在这里。他没有钱，但会尽力存钱并考虑未来。他从家人、朋友和运动中获得快乐。

同样，另一位黑人德文也是一名十九岁的男性。他对未来充满希望，尽管他目前的工作充满不愉快和不确定性。他是一名高中毕业生，每周工作20—40个小时，工作时间很长，时长不固定，每年收入15000—20000美元。他有社会保障卡，但没有医疗保险。他希望获得学士学位，他的祖父母对他的学业投入最多，是他的支持者。他有朋友，热爱运动，与父母相处得相当好（他们都没有完成高中学业）。他拥有强大的自控力并相信自己的未来。他在性方面很谨慎，受过性方面的教育，而且一般不会太焦虑。

另一个例子是达莉亚，她是一位十九岁的女性，尽管遭受过负面冲击，但她仍能牢牢掌控自己的未来。她的阶梯分数当下是8分，过去是6分，未来是9分。她的母亲受过大学教育，是一名护士。她的父亲没有受过高中教育，在离婚并抛弃家庭后不久就去世了。达莉亚并没有被太多事情困扰。她高中毕业并全职工作。她渴望获得大学学位并进入研究生院，她的母亲支持她实现这些目标。大多数受访者都担心财务状况和新冠疫情带来的不确定性。她每周工作四十多个小时，做家务，并花大量时间与朋友在一起和运动。她不想搬家，因为她的家人都在这里。她很容易交朋友，有家人的支持并与他们相处愉快，对未来充满希望。达莉亚有性意识和受过性教育，但对于性生活仍比较谨慎。与家人相处和购物让她开心。

加布里埃拉是一位二十岁的拉丁裔女性，父母受过大学教育，她的母亲是一名教师，她的父亲是一名注册会计师。父母希望她上大学。截至受访时，她还是一名全日制学生，依靠父母的储蓄和贷款读书。她充满希望并称她的健康状况基本良好。她会尽力存钱，有很强的自控力，有信心能够获得学士学位。她的家人和朋友让她快乐。

黑人受访者中也有一些感到绝望/孤独的例子，但他们确实是例外。即便如此，他们似乎仍然对更美好的未来抱有一些希望。一名十九岁的黑人女性在新冠疫情期间得了恐惧症，她把不与任何人交往的原因归咎于病毒。她的阶梯分数远低于大多数黑人受访者，目前为3分，过去为2分，未来为6分（至少表明她希望情况会有所改善）。她与母亲住在一起，母亲支持她读大学。虽然她怀疑自己的未来，但她能够与父母交谈并相信自己可以解决问题。

为什么对未来的愿景如此不同？

是否可以一概而论？尽管我习惯于在大样本数据集中寻找统计规律，但这一章的研究依靠的是少量但相同的生活故事和个人的主观报告，这似乎有风险。然而，这些回答模式是一致的，无论是在这些样本中还是在其他更大规模的研究中，包括我们自己的研究，都记录了这些差异。最突出的是，大多数少数族裔受访者（尤其是黑人）面对困难时仍抱有希望，而低收入的年轻白人则秉持着顽固的个人主义和缺乏真正的改变能力。

这些模式也得到了不同类型的证据的支持，例如历史上美国黑人面对奴隶制的乐观态度和韧性，随后是持续的歧视，以及关于结构性种族主义的重新讨论，部分是由"黑人的命也是命"

（Black Lives Matter）运动引发的。与低收入群体相比，后者似乎对更富有、受过更多教育的年轻美国黑人产生了负面影响，也许是因为他们进一步意识到他们更有可能触及仍然存在的玻璃天花板。2019年和2020年少数族裔青少年自杀人数增加，受过高等教育的人自杀的可能性比没有受过教育的人高得多。蒂芙尼·福特（Tiffany Ford）最近还开展了一项研究，研究了中产阶级黑人女性报告的积极的幸福感与她们较差的客观健康指标（特别是糖尿病和心脏病的高发率）相比的悖论，而富裕的黑人女性则更健康、更富有，但乐观程度较低。[1]

这是适应和应对，还是别的什么？我们早期的研究表明，这比仅仅适应逆境要复杂得多，尽管这可能会发挥作用。当我们研究同样令人惊讶的乐观的低收入受访者得分时，我们发现当他们评估自己的财务状况以及对居住地的满意度时，他们非常现实并且更消极（尽管他们比其他群体更有可能希望改善自己的社区）。[2] 希望和韧性似乎与不愉快的现实以及一个持续歧视（黑人）的制度带来的挫败感共存。事实上，在2020年年中，在新冠疫情大流行和围绕乔治·弗洛伊德（George Floyd）谋杀案的抗议活动最激烈的时候，美国黑人的焦虑情绪有所增加，但与此同

---

[1] 阿萨里等（Assari et al., 2018）；福特（2022）。
[2] 格雷厄姆（2017）；布兰奇弗劳尔和奥斯瓦尔德（2019）；格雷厄姆和平托（2021）。

时，它与所有群体中最高水平的乐观情绪并存。[1]

与白人相比，美国黑人和拉丁裔美国人中也存在更强烈的文化规范，这些规范使得自杀被认为是软弱或放弃自我的表现，而这影响了自杀率和关于死亡的报告。与此类似，数据常常令人惊讶，与西班牙、法国或意大利等其他欧洲国家相比，斯堪的纳维亚地区的自杀率很高。然而，这些数字没有考虑到文化规范的差异，这再次影响了这些死亡的发生率和相关的报告。

反过来，新冠疫情期间情况变得更复杂。与2019年相比，美国2020年的自杀率先是上升，然后下降，但与此同时，所有群体中因服用过量药物死亡的人数大幅增加——尽管少数族裔男性自杀率的起始水平更低，但当前的自杀率却史无前例地高。众所周知，区分故意用药过量死亡和非故意用药过量死亡非常困难，据估计，故意用药过量死亡占用药过量死亡总数的15%—60%。[2]

过去二十年里，这些趋势与未受过大学教育的白人的绝望情绪并存。虽然安妮·凯斯和安格斯·迪顿在2015年的开创性文章中首次报告了绝望导致的死亡，然后他们在2017年的文章和2020年的书中进一步记录，但早在死亡率出现显著变化之前白人就开始绝望了，这种绝望是随着制造业、白人工人阶级和他们的社区衰落而出现的。

---

[1] 格雷厄姆等（2022）。
[2] 多布森等人的文章中详细地讨论了这一点。

凯尔西·奥康纳和我发现，随着性别和公民权利的改善，美国黑人和女性的乐观水平在20世纪70年代末有所上升。受教育水平低于高中的白人男性（其受教育程度相当于当下未受过大学教育的男性）的乐观水平开始下降。[1]

白人的绝望——以及白人工人阶级的衰落——一直是许多书的主题，包括阿莉·霍赫希尔德（Arlie Hosthchild）的《故土的陌生人》（*Strangers in Their Own Land*）、J.D.万斯的《乡下人的悲歌》和詹妮弗·席尔瓦（Jennifer Silva）的《我们还在这里：内心的痛苦与政治》（*We're Still Here:Pain and Politics in the Heart of America*）。在同一个社区，当工作和机会消失了，支持白人的家庭和其他协会消失了，过去的整个生活方式也消失了。

在过去的二十年里，低收入白人的结婚率下降幅度超过其他任何群体，现在与低收入少数族裔的结婚率相同。美国的结婚率现在与许多其他事情一样分布不均，无论种族如何，富裕和受过大学教育的人更有可能结婚，而穷人和受教育程度较低的人则不然。事实上，虽然富裕的双职工夫妇的结婚率略有上升，但低收入群体中的单亲家庭却有所增加，这也是过去二十年来不平等现象显著增加的部分原因。[2]

除此之外，阿片类药物的流行对白人的影响最严重，部分

---

[1] 奥康纳和格雷厄姆（2019）。
[2] 伯特莱斯（Burtless，2009）。

原因是他们比少数族裔更有可能报告疼痛并服用阿片类药物。美国阿片类药物的使用量和报告的疼痛自2000年急剧增加,[①]部分原因是供给增加,部分原因是由疼痛增加而产生的需求。很难说清楚在未受过大学教育的中年白人中报告的疼痛增加的背后是什么,这是对实际疼痛增加的反应,还是对生活叙事[②](the narrative of one's life)受到挑战时心理疼痛的反应?它是由阿片类药物引起的吗?还是所有这些因素的综合作用?具有讽刺意味的是,少数族裔在疼痛治疗中所遭受的实际歧视最终在阿片类药物流行期间起到了保护作用。

在同样的几十年里,美国的地理裂痕也不断扩大,并已成为文化裂痕。虽然美国的沿海地区变得更加多样化,经济充满活力,人口更加密集,但中心地带的人口数量、教育质量在下降,经济活动、公民活动在减少。在中心地带的大部分地区,工资中位数和就业率的下降幅度惊人。现在就连健康状况也很大程度上取决于个体所处的地理位置,预期寿命和其他指标存在巨大差异,而过去,种族之间的差异比地方之间的差异更为明显。[③]

---

① 奎奴斯(Quinones,2015);布兰奇弗劳尔和奥斯瓦尔德(2019);格雷厄姆和平托(2019);凯斯、迪顿和斯通(2021)。

② 生活叙事是叙事心理学的一个概念,后者强调个人的生活经历和自我认同是通过叙事来构建和理解的。这种理论认为,人们通过讲述自己的故事来赋予生活经历意义,并以此构建自我认同。——译注

③ 罗伯特·伍德·约翰逊基金会(2014)。

例外的是少数资源相对丰富的小城市，即复兴的城镇。它们得到了大公司的投资，这些大公司在它们的总部所在的大城市和地租昂贵的沿海城市之外寻找中转枢纽和生产基地。如果这些城市拥有基础教育和交通基础设施，例如社区大学和机场，那么它们就能实现经济复苏。①虽然这些复兴的城镇确实有一些希望的基础，但也有一些社区没有实现经济复苏的机会，下一代必须离开这些社区才能找到稳定的经济来源。

约翰·霍普金斯大学的社会学家安德鲁·切尔林（Andrew Cherlin）对巴尔的摩伯利恒钢铁厂钢铁工人的孩子进行了民族志研究。他展示了这些故事如何在不同种族中展开，并强调了对高等教育的不同希望和信念。切尔林详细讲述了工厂里种族隔离和歧视的故事，美国黑人钢铁工人从北卡罗来纳州搬来，生活在隔离住房中，尽管民权法案刚刚出台，但他们还是被安排在较差的工作岗位上，晋升率很低。②

不管怎样，美国黑人钢铁工人大部分都留在了自己的工作岗位上，并为孩子的教育储蓄，为他们提供更好的未来。他们的大多数孩子都上了大学，并搬离了邓多克——毗邻巴尔的摩港的小镇，那里是钢铁厂的所在地，人们在那里生活并养育他们的子女，最后来到了巴尔的摩北部更繁荣的地区，比如陶森。这个

---

① 阿特金森、穆罗和惠顿（Atkinson, Muro, Whiton, 2019）。
② 切尔林（Cherlin, 2019）。

故事的一个同样重要的部分，与本章其余部分讲述的故事产生呼应，在搬走之后，他们定期回到儿时居住的社区参加教堂活动，回馈社区——HBO关于巴尔的摩毒品与帮派的连续剧《火线》就是在这个社区拍摄的。

相比之下，白人钢铁工人的子女与其父辈相比，上大学的倾向较低，更有可能向下流动。大多数人仍然居住在邓多克，打零工或在该地区开出租车，他们对福利住房政策和移民的到来感到不安。虽然他们不一定在政治上激进，但他们看不到自己或他们的孩子更好的道路。神经学家已经发现，一个人对未来缺乏希望（绝望的一个组成部分）是面对虚假信息、阴谋论和政治激进化时的一个关键弱点。①

《纽约时报》记者托马斯·埃德索尔（Thomas Edsall）在一系列有关白人工人阶级的不满、衰落和政治激进化的报道中，提到了这一向下流动的群体如何被阴谋论、种族化政治利用。②

事实上，美国前总统唐纳德·特朗普利用了这种有不满情绪和对未来缺乏远见的群体，利用他们来建立自己的支持基础并最终削弱美国人对民主的信心。虽然一些特朗普原来的支持者已经识破了他的虚张声势，并意识到，最终他没有采取任何措施来帮助他们，然而同样多甚至更多的人投票支持特朗普在2020年连

---

① 请参阅布鲁金斯学会关于绝望和经济复苏的报告第二章中有关绝望和激进化的讨论。

② 埃德索尔（2021a，2021b）。

任，并继续认为2020年的总统大选是不公正的。

虽然政治分歧和对美国国家治理的威胁是令人恐惧的和真实的，并且它在其他地方已有详细的研究，超出了我的专业范畴。然而，这与我在研究中发现的对未来的不同希望和信念有关。我们必须打破美国国家政治和社会僵局，以恢复民众对美国长期坚持的民主治理模式的信心和赞赏。如果美国人不能对美国社会的未来以及如何治理社会、制定法律和建立真理重新建立某种形式的信心，就很难想象如何让心怀不满的年轻人重拾希望。[1]

结论

这些裂痕在很大程度上是当今年轻人面临的挑战的一部分。应对不断变化的劳动力市场已经够困难的了，但最重要的是，年轻人必须应对给经济造成灾难性影响的新冠疫情。年轻人和无技能人员的工作机会受到冲击，同时他们还面临着教育和医疗保健方面资金的短缺。再加上他们对政治制度、教育、科学、公民社会，甚至邻居缺乏信任，种种现象造成了一个分裂、不信任和破碎的社会，这使得年轻人规划前进的道路变得更困难。

下一代如何应对这个问题？我们如何利用我们拥有的技能和

---

[1] 如需内容丰富且经深思熟虑的评论，请参阅乔纳森·劳奇最近出版的关于什么构成真理以及对此的共识如何消失的书（2021）。

知识来帮助他们？我们如何处理同一国家公民之间如此不同的信仰？我们确实正处于一个关键时刻。我们的调查展现了截然不同的未来愿景。一旦你也考虑到日常生活中实际发生的事情——反疫苗运动、关于口罩强制令的诉讼、成年人因为商业航班上的个人空间受到侵犯而攻击其他成年人——制定共同愿景很困难。此外，我们还面临着枪支暴力危机，新冠疫情加剧了这一危机，以及对警察暴行、公平选举和基本公民自由持不同看法。[1]鉴于以上这一切，很难理解或有任何信心美国社会将走向何方。那些刚进入社会的年轻人应该怎么想？更不用说让他们做些什么了。

尽管过去两年的新冠疫情对个人心理健康造成了多大损害存在争议，但有可靠的迹象表明，年轻人比以前更容易出现心理健康问题，而且我们社会中几十年来的绝望迹象，现在开始出现在年轻人中。[2]

至少，我们可以尽最大努力鼓励年轻人，特别是那些未来面临更多的不确定性和缺少特权的年轻人，投资于可能为他们提供机会和（比他们现在想象的）更好的未来的教育和技能。

---

[1] 我们最近对EMS数据进行分析，比较2020年与2019年的社会趋势，发现枪支暴力显著增加。其他研究的结果也支持我们的分析。

[2] 在最近的研究中，我们发现，根据调查和用于评估趋势的调查工具，对18—25岁年龄组中抑郁和焦虑增加程度的估计存在很大差异。由于美国民众在心理健康方面没有出现令人不安的迹象和趋势，这确实使我们在给出该问题的确切数据时持谨慎态度。参见多布森等（2022）对不同问题和不同调查的结果进行的讨论和比较。

虽然详细的干预措施和政策是下一章的主题，但从秘鲁和密苏里州的调查中得出了一些切实的教训。其中之一是，希望不仅对贫困人口来说是可能的，而且对他们突破困境至关重要。相比之下，缺乏希望是一个恶性循环，绝望压倒了希望背后的特征和属性，并与其能动性相关。正如调查中所见，那些有希望的人倾向于相信他们可以克服困难，并寻求支持和帮助。那些没有希望的人对未来更怀疑，对他人的信任度较低，因此不太可能寻求帮助。

这就提出了一个更困难的问题：我们如何让已经失去希望的人群重拾希望？一个主要的挑战是从与社区互动——社区提供的帮助——的不同模式带来的后果中吸取教训。指导是关键，但如何在那些缺乏经验和信任的地方和人群中建立可行的指导体系和提高接受度？

在下一章中，我将回顾一些经验和实验，旨在帮助缺乏希望群体重拾希望和相关意愿。其中一些是在心理健康领域，帮助那些处于绝望中的人重拾意愿很难，应对心理健康方面的挑战是至关重要的第一步。然而，尽管我们对希望了解甚少，但重拾希望——包括认识到自己的价值和能力——也是解决方案的一部分。减少孤立和绝望是很重要的，创造一条通向更美好未来的道路也很重要，特别是对于年轻人来说，他们未来还有很长的路要走。

从新近增加的幸福文献中总结的经验和教训表明，将孤立、绝望的人们拉入社区并促进其参与社区活动的好处，同时应当教授年轻人相应的技能以及如何为现有机会做好准备。也许在这个领域，精神病学家、心理学家、经济学家、行为科学家，可以为了更大的利益而相互学习。我们还有很多东西需要学习。

我们不知道的事情有很多，但我们可以从最近的案例中吸取经验。随着社会科学技术日益复杂化，并纳入人类行为、遗传禀赋以及大脑与环境之间的交叉研究，我们拥有了在50年前甚至都无法想象的工具。

第五章

失去希望的人群和地方能否重拾希望？

绝望是一种状态，在这种状态下，一个人不在乎自己的生死，失去了改变的意愿，失去了生活叙事，没有任何东西可以消除绝望。希望结合了相信事情会变得更好的感觉和让事情变得更好的意愿。人们为何选择迁移？我们又可以做什么？

在美国，自2005年以来至少有100万人因绝望而死亡，这残酷地揭示了，整个社区都失去了存在的理由、合理的社会结构以及认为未来会更美好的信心。仅在2020年，就有近10万人死于服药过量，新冠疫情加剧了先前存在的绝望危机。这些社区的劳动力中往往有大量壮年男性，尤其是白人男性工人阶级。这导致了地理聚集，其中很大一部分人没有意愿、技能去其他地方工作，或他们的健康状况也不足以支撑他们去其他地方工作，即使这些工作在相对较近的地方也有。绝望死亡往往随之而来。

缺乏投资和普遍的绝望是一个恶性循环，个人及社区陷入衰退的漩涡。解决这个问题需要心理健康治疗与社区复兴，在大多数情况下，这些（心理健康治疗和社区复兴）都是作为独立的部分运作的。我们在认识到白人遭受固有的苦难的同时要承认他们在许多方面享有特权。

值得注意的是，因增长方式转变为技术驱动型，经济和就业的性质发生巨大变化，美国白人工人阶级日渐衰落，他们所面临的一些问题也可能是其他国家的许多工人阶级（包括贫困国家）所面临的。对于那些没有接受过高等教育或技术技能培训的人来说，不再有稳定的工作与生活叙事。在美国，药物滥用、枪支泛滥、种族间的紧张局势、获得医疗保健的机会明显不平等（其分配往往取决于资源而不是需求），使情况变得更加复杂，美国社会因收入、教育差距和政治信仰（包括右翼激进主义的兴起）而分裂。

问题很复杂，没有灵丹妙药。然而，通过对一系列学科（经济学、心理学、精神病学和公共卫生）的研究，人们已经得出了有助于解决这一问题的重要经验和教训。与其从学科的角度来思考这些教训，不如从共同目标的角度来思考它们，大多数旨在帮助人们重拾希望的成功政策和干预措施都有类似的目标，这些目标可以作为一般指导方针。

最基础的工作是降低各种不确定性，这些不确定性使人们对未来的规划和投资变得遥不可及甚至不可能实现。这对于生活极端贫困的人们来说很常见，因为勉强糊口和日复一日的生活让他们很难制订规划。美国的穷人获得医疗保健和稳定工作的机会往往有限，也面临着不确定性。正如塞德希尔·穆来纳森（Sendhil Mullainathan）和埃尔德·沙菲尔（Eldar Shafir）在《稀缺》（Scarcity）一书中雄辩地描述的那样，这种不确定性会对人们的思考和计划能力产生长期的认知影响，从而影响从接受教育到保持健康再到为未来储蓄等方方面面。

最近的研究表明，转移支付（有针对性的转移）可以有效改善健康公平结果——降低住院率、减少心理困扰、降低精神疾病和抑郁症的患病率。[1]考虑到零工经济的兴起、自动化带来的失业风险，以及工资收入的波动性，皮尤慈善信托基金2017年的一份报告估计收入波动（年收入波动25%及以上，已经影响近一半的美国人口）可能会持续影响健康结果，这凸显出公共卫生与经济稳定之间密切的联系。

无法计划使得年轻人很难对未来拥有自主权。如果年轻人没有希望，也没有人支持他们的意愿，那么他们的处境尤其艰难。这一点在我们对密苏里州低收入青少年进行的调查中显而易见。无论物质条件如何，那些怀有希望和意愿并有导师支持的人与那些没有希望和意愿的人在面向未来的行为上存在很大差异。事实上，相当讽刺的是，少数族裔青少年通常在物质上更加匮乏，但

---

[1] 福尔热（Forget, 2011）；贝尔德、德胡普和厄兹勒（Baird, de Hoop, and Özler, 2013）；迪特等（2013）；鲍威尔-杰克逊等（2016）；艾泽、伊莱、费里和勒拉斯-穆尼（2016）。

他们比白人工人阶级的孩子更有希望,也更有可能投资于未来的教育。

这些青少年中的大多数不知道未来的劳动力市场以及当下劳动力市场所需的技能是什么。对于贫困青少年来说,这是一个更常见的挑战,与富裕的同龄人相比,他们往往知识匮乏,收入也低。

重拾希望(或克服绝望)需要降低不确定性,但也必须恢复个人的自信、能动性和对他人的信任。虽然这显然是一个需要个人改变的过程,但它也受益于社区的参与。已经陷入绝望的人不太可能寻求帮助。通常,与不太熟悉社区的专业人士相比,社区中的人们更能有效地联系他们或至少能识别风险。

认识到集体层面的创伤是一个开始。让社区的人们参与重塑他们的生活叙事也是如此,这可以帮助他们聚焦自己的优势和能力。制订提高韧性的计划是这种情况的自然结果。这可以很简单,比如通过鼓励志愿服务和参与艺术和户外团体活动的计划,让那些孤立和/或抑郁的人重新进入劳动力市场。消除孤独和孤立感是关键的第一步。

然而,帮助下一代需要支持他们发展参与新劳动力市场所需的工具。这需要获得新的技能和相关可用机会的信息。获取这些机会并不总是需要接受过大学教育,而是需要了解参与新型工作所需的技能(例如中等编程技术或在不断变化的服务行业中越来越重要的软技能)。

然而，如果没有希望和动力（这通常需要导师的支持），贫困社区的年轻人就不太可能抓住机会，即使机会存在。我的调查研究表明，获得父母或社区成员支持是年轻人实现这些意愿的关键，而没有这种支持则是成功的重大阻碍。[①]在低收入群体中，少数族裔父母比白人父母更支持孩子接受更高水平的教育。（除了在我的调查中发现这些模式之外，根据我在2019年末与美国传统黑人学院与大学的校长们的详细对话，这些模式也在更大范围内得到了证实。）

虽然这个问题似乎令人畏惧，但各行各业的人可以通过多种方式向贫困或衰落社区的年轻人提供重要的指导，以免他们重蹈父母的覆辙。这些方式包括建立网络，通过虚拟联合课堂将贫困地区的高中与国内其他地区的学校联系起来；为学生建立新的联系以及在教师之间分享最佳实践；这些网络还可以将学校与当地大学和企业联系起来，让学生接触大学水平的课程和就业安置计划，并为学生提供有关教育和职业发展的建议。同样重要的是鼓励私营部门的专业人士及其公司与缺乏与外界的联系和相关信息的贫困地区的学校和社区组织建立长期志愿服务和赞助关系。[②]

为应对新冠疫情带来的挑战，心理健康界越来越多地创建"护理社区"，作为让有心理健康问题的人寻求支持的第一

---

① 格雷厄姆和鲁伊斯–波苏埃洛（2021）。
② 希尔（Hill, 2021）。

步。各州的大部分地区,特别是农村地区的居民无法获得精神卫生保健。然而,有一些新方法,如远程医疗,可以提供新形式的医疗保健,而社区成员可以发挥重要作用,帮助找出那些绝望的人。①

例如,我们认为简单的心理问题——如孤独——通常是与严重的心理健康疾病(例如抑郁症)有关的情绪状态。对抗孤独感比在抑郁症发作后进行治疗更有效,而且不需要医疗护理。安德鲁·斯特普托(Andrew Steptoe)及其同事最近在英国进行的一项研究估计,五分之一的抑郁症病例可以通过对抗孤独感的策略来治疗。而且政府政策可以以较低的成本支持此类努力,例如英国政府的做法以及由此产生的"孤独大臣"(Minister of Loneliness)就表明了这一点(下面将详细讨论)。

更广泛地说,尽管新冠疫情是一场悲剧,但它已经让各国政府认识到要通过优先考虑社会幸福和经济繁荣来认真对待民众的心理问题。新冠疫情对许多富裕国家的影响是相似的,尽管弱势群体的特征有所不同,但报告显示感到抑郁和焦虑的人群在增加。最弱势的群体的心理健康状况更糟糕,孤独感更强烈,年轻人和低收入人群面临的风险更大。那些因失业、难以获取食物或无力支付账单而处于弱势的人,客观上生活经历最糟糕,并且又

---

① 参见乌尼策尔等(Unützer et al, 2013)。

因高度担忧而对心理健康产生额外的负面影响。[①]心理健康状况不佳也与疫情期间遵守政府指导方针负相关。

鉴于广泛的贫困和与社会更疏离，贫穷国家的死亡人数通常多于富裕国家。盖洛普世界民意调查数据发现，2020年是自2005年民意调查开始以来报告压力最大的一年，民意调查数据显示受访者报告的压力从35%增加到40%。据报告，新冠病例多的贫穷国家的压力水平最高，其中受灾严重的秘鲁位居榜首，66%的受访者报告前一天承受了压力［马斯特兰杰洛（Mastrangelo），2021］。因此，以下讨论的内容适用于一系列国家和地区的情况。

幸福指标是目前的工具。衡量幸福使我们能够了解与新冠疫情相关的情感和心理健康成本，以及降低这些成本的一些策略。幸福指标使我们能够评估和比较在新冠疫情前后，同一人群的生活满意度、希望、焦虑和抑郁的趋势。幸福数据反映了实际趋势，可以预测未来的行为。我们发现，绝望和压力等不幸福标记物与因绝望而死亡的可能性密切相关（无论是个人还是地方）。绝望情绪的增加比死亡人数的增加发生早了二十年，这表明幸福指标具有预测作用，我们现在使用这些指标作为服药过量、自杀和其他与绝望相关的死亡的警告指标。[②]

---

① 格雷厄姆（2020）。
② 参见格雷厄姆和平托（2019）；奥康纳和格雷厄姆（2019）。

如果人们的心理健康状况不佳且不断恶化，那么社会就无法从新冠疫情中完全恢复过来。既然我们可以定期通过利率、通货膨胀和失业率来评估我们的经济状况，那么为什么我们不能定期测量社会的温度来衡量社会幸福呢？许多国家的严峻形势使这项任务变得更加重要。而且，如上所述，人们越来越认识到，更高水平的幸福和生产力是相辅相成的。[1]

关于幸福的大量的学术研究表明[2]，健康（尤其是心理健康）、拥有配偶或伴侣以及社会关系占成人生活满意度差异解释的四分之三以上[3]。有证据还表明，幸福是生活和经济成果的重要预测因素，包括健康和寿命、生产力和收入、政治参与度等。[4]

我们在有针对性的干预措施和政策方面拥有更多经验，以提高受苦人群的幸福（这是一个必要的目标，正如我在本书中所强

---

[1] 参见德内夫和奥斯瓦尔德（2012）；普罗托（Protocol）和奥斯瓦尔德（2016）；格雷厄姆等（2004）；尼科洛娃与诺森（2021）。

[2] 参见布兰奇弗劳尔和奥斯瓦尔德（2004）；克拉克等（2018）；迪纳等（Diener et al, 1999）；弗雷和斯图策（2002）；格雷厄姆（2009）；莱亚德（Layard, 2005）等。

[3] 克拉克等（2018）；克雷克尔等（Krekel et al., 2021）。

[4] 关于寿命，参见斯特普托和沃德尔（Steptoe and Wardle, 2001）；格雷厄姆和平托（2019）。关于生产率和收入，请参见德内夫和奥斯瓦尔德（2012）；格雷厄姆等（2004）；和奥斯瓦尔德等（2015）。关于政治参与度，请参阅利贝里尼等（Liberini et al., 2017）；平托等（2020）。

调的那样），但我们在制订提高人们的幸福的政策或计划方面经验较少。[①]我们面临的挑战包括确保政府不过度干涉，告诉人们如何获得幸福，还存在针对大量人群（的政策）的普遍性和可扩展性问题。不过，英国和新西兰等少数国家已将全民幸福置于其政策优先事项，包括在预算领域。由于世界各国都面临着新冠疫情带来的社会健康和心理健康的挑战，这些国家的经验可能会受到更多关注。

一项重要的相关努力是投资下一代和未来的就业机会。我们不应该只是扑灭绝望之火（目前我们必须这么做）。我们还需要让下一代做好准备，让他们过上更健康、更幸福的生活，需要教授他们适应未来劳动力市场所需的技能。随着低技能工作的减少和质量的下降，我们需要教授他们不同的技能。认知技能（包括人格特质）将变得越来越重要。詹姆斯·赫克曼和蒂姆·考茨的研究发现（第三章详细讨论），与决定智商的抽象推理能力相比，这些技能可以在生命历程的后期学习和增强。

虽然减少新近失业的（或者更准确地说，不工作的）人口的孤立和绝望是当今免遭更多灾难的必要条件，但消除下一代对未来的不确定性和满足他们的教育需求可能更为重要。如果现在的年轻人不参与培训和投资关键技能，那么他们最终将成为绝望的下一代。正如我们和其他人的研究所表明的那样，他们需要指导

---

① 有关这些的讨论，请参阅格雷厄姆和麦克伦南（MacLennan）（2020）。

及导师和社区支持来获得这些技能。

本章其余部分描述的例子包括幸福干预措施、心理健康支持的新形式以及公私合作伙伴关系。解决这些问题主要是为了增进社会幸福和心理健康，在新冠疫情期间，防止政治激进化。与此同时，大多数干预措施并不针对特定国家，但如果取得成功，可以跨越国界。

幸福干预措施

一系列简单的干预措施可以有效地提高个人和社区的幸福（这与国家层面的政策不同）。由于项目太多，无法在此详细介绍，但以下是一些项目的示例，这些项目能在普遍化和可扩展的层面上以小成本产生高效益。有关项目和干预措施的更多详细信息，请访问英国幸福促进中心的网站，该中心的成立离不开英国政府将幸福纳入政策优先事项所做出的努力。因此，英国财政部在其政策运作的评估和成本效益分析中加入了幸福指标。

有效实践中心（What Works Centre）现在由南希·埃（Nancy Hey）领导，赞助旨在增强个人和社区层面幸福的干预措施的设计、实施和评估（出于成本效益和可扩展性目的）。[1]例如提供

---

[1] 我在这个顾问委员会任职近十年。

志愿服务的机会、接触艺术的机会，甚至提供绿色空间让他们散步，这些都可以减少孤立社区成员（通常是失业者、老年人或两者兼而有之的人）的孤独感或减轻其抑郁症状。让人们摆脱孤立并参与某种有目的的活动是减少绝望的积极一步。同样重要的是，该中心的工作和调查结果可作为公共物品，并纳入政府机构有关如何最好地将幸福纳入政策决策讨论的一部分。①

还有一些来自自下而上、基于地点的解决方案的重要经验，其中许多都强调社区所拥有和可以建立的资产。圣莫尼卡市推出了第一个市政项目来定义、衡量和提高社区幸福，由朱莉·腊斯克（Julie Rusk）领导，并得到彭博慈善基金会的资助。这项工作利用年度全市幸福调查和指数来重新制定一系列市政优先事项和政策，包括预算政策。这项工作解决了圣莫尼卡跨种族和收入群体在健康、收入和幸福方面的严重不平等问题，让社区参与有关其自身解决方案的决策是该过程的重要组成部分。正如下面的几个例子所示，对社区抱有希望、归属感和信任有助于小企业和艺术家在困难时期获得成功。

另一项最近的大规模举措是英国的升级（Levelling Up）计

---

① 该中心参与了一项前景光明的新计划，即"大曼彻斯特年轻人幸福项目"（Greater Manchester Young People's Wellbeing Project），该项目评估全市八年级和十年级学生的幸福及其驱动因素，为期三年，涉及四万名年轻人。项目的一个关键部分是评估"生活准备度"，包括关键变量乐观、对美好生活的希望和类似指标。

划，该计划制定了一系列广泛的政策来满足贫困社区的多样化需求。其总体目标是更广泛地提高该国民众的幸福，而其明确的重点是提高民众平均生活满意度，并降低其在社区和地方之间的分散程度。

一些新的努力旨在提高社区层面的幸福，而不是关注弱势群体。克里斯蒂安·克雷克尔（Christian Krekel，2021）及其同事对根植于自决理论的可扩展社会心理干预进行了随机对照试验，旨在提高普通成年群体的主观幸福感和亲社会性（同情心和社会信任）。该计划"探索重要的事情"（Exploring What Matters）由当地社区的非专业志愿者发起，迄今为止已在超过26个国家开展。研究者发现，它对参与者的主观幸福感和亲社会性具有强烈、积极的因果影响，同时改善了心理健康状况。[①]

"探索重要的事情"在两个关键方面也与大多数现有干预措施不同：首先，该课程由非专业志愿者而不是经过培训的临床医生主导；其次，由于该计划节省了成本且具有更普遍的目标，因此相比许多干预措施，其可扩展性更强。该课程将焦点小组（focus group）的参与者聚集在一起，讨论什么对幸福、有意义和体面的生活至关重要。参与者的年龄和社会经济背景各不相

---

① 文献中的许多证据并不支持这种方法。其面临的一个挑战是，总体上幸福感的增加不太可能持续，个体有一个"设定点"（set point）或固定的幸福水平，而幸福感则在这个水平上下波动。但关于设定点的存在，目前仍有争议。参见布里克曼和坎贝尔（1971）。

同，但根据他们的自我报告，可以大致分为两类：不快乐并寻找改善生活方法的人；对更广泛的幸福感兴趣并想要了解更多信息的人。这些课程以一个主题为基础，例如，生活中什么重要或如何在工作中找到意义，然后在一定的框架背景下对关于这一主题的科学证据进行讨论（这与告诉人们如何快乐不同）。

心理自决理论（self-determination theory）［德西和瑞安（Deci and Ryan），1985］认为，自主需求（autonomy）、关系需求（relatedness）和胜任需求（competence）是人类的基本需求，它们能够使人们获得幸福。"探索重要的事情"课程旨在建立以下目标：第一，自主需求，使参与者能够发现他们生活中重要的事情，并附有介绍课程主题的科学证据的部分；第二，关系需求，通过聚会促进人际联系和加强社会信任；第三，胜任需求，通过让参与者体验日常生活的改变如何提高他们和他人的幸福。

与对照组（潜在参与者，已申请但尚未加入该计划的人）相比，项目（基于英国的干预措施）提高了参与者平均生活满意度和社会信任分数，并与对照组相比减少了报告的焦虑和抑郁（基于PH2-9和GAD-7筛选问题）。

另一种完全不同但也依赖于让社区参与自身复兴的干预措施是通过让拥有不同背景的父母参与孩子的体育和艺术活动，然后将这些活动与他们未来的教育投资联系起来。波特兰社区壁球项目是一个倡议以获得接触体育、艺术和教育的机会为基础，旨在通过提供K-12教育支持、向参与者提供大学入学流程的指导，让移民和其他贫困群体融入城市的项目。体育运动以及与年轻参与者建立的友谊和联系帮助拥有不同背景的父母融入了曾经同质化的白人社区。最终的目标是增加希望、意愿、幸福和社区凝聚力。该实验目前正在美国多个城市规模化开展。

另一个新的关注领域——部分是由新冠疫情带来的挑战推动的——是优先解决孤独问题。与此同时，幸福促进中心拥有丰富的有关孤独知识的储备，并开展了研究。

孤独的一个重要特征是在有需要时没有可以依靠的人，这对幸福至关重要。孤独不同于独处（一种选择）和社会孤立（一种状况，而不是一种情绪）。孤独是一种与绝望、痴呆、幸福感低，以及与精神疾病等其他方面相关的情绪。虽然新冠疫情加剧了孤独感，但那些已经感到孤独的人很早就表现出了这些特征。虽然孤独感不一定会导致抑郁症，但它与之相关，部分原因是孤独的人可能比其他人更快地丧失大脑功能。

2021年，美国国家健康研究所（National Institute for Health Research）成立了一个委员会，研究老年人的孤独感。新冠疫情使更广泛的人群体验了孤独老年人的生活方式。这项研究由安德鲁·夏普（Andrew Sharpe）及其同事进行，他们基于英国的老龄化纵向研究，纳入了许多在新冠疫情之前就感到孤独的人。他们发现，孤独与年龄、社会阶层或社会地位无关。然而，当下的孤独感与个体在新冠疫情之前就存在的孤独感有关，研究估计，对孤独感的干预可以预防五分之一的老年人的抑郁症。

孤独感和低幸福感之间也存在着密切的联系。两者都有一些共同特征，如健康状况不佳、长期患病或残疾、失业、租房而非拥有房屋、离婚或单身。中年时期往往是人们幸福感最低的时候，但年轻人更容易感到孤独。低幸福感在男性和教育水平低的人群中更为突出。相比之下，女性比男性更容易感到孤独。与邻里或社区疏离以及对他人缺乏信任都与孤独和绝望有关。

理查德·莱亚德（Richard Layard）和格斯·奥唐奈（Gus O'Donnell）成功地将幸福和不幸纳入政府政策，英国政府已将孤独作为幸福领域工作的优先事项。继已故议员乔·考克斯（Jo Cox）抗击孤独的努力之后，英国前首相特雷莎·梅成立了一个抗击孤独委员会，她任命了政府首任孤独问题部长特雷西·克劳奇（Tracey Crouch），并成立了一个跨政府小组，负责制定政策来解决日益严重的问题。

英国6600万人口中，有超过900万人表示经常或总是感到孤独，超过20万老年人表示他们已经一个多月没有与朋友或亲戚交谈过。美国心理学协会（American Psychological Association）报告称，40%的45岁以上的美国人长期感到孤独。到目前为止，美国政府尚未采取行动。不过，英国政府已经采取了其他几项措施来解决这一问题，无论是在公共部门还是非营利部门。正如特蕾莎·梅在启动孤独计划时指出的那样，现在是政府帮助解决"现代生活的悲惨现实"的时候了［黛西（Dasey），2018］。英国政府在人们孤独感显现并在它恶化为抑郁症或出现其他更严重的情况之前,及时协调和提供相应的幸福政策。但在美国,我们看到这类绝望死亡人数不断上升,干预政策已错失良机。

一项同样重要的新举措是英国在中学教授学生软技能和社会情感技能。"健康心智计划"(Healthy Minds Initiative)在相对贫困地区的34所学校进行了一项为期四年的随机对照实验,以及让初中生和高中生特意接触与软技能相关课程(如第二章所述,软技能已被证明在整个生命历程中具有可塑性,它远远超出了认知技能的范围)。[①]项目评估表明,它可以有效提高情绪健康和身体健康水平,以及行为纠正,其中对男孩的影响最大(他们的社会情感技能往往比女孩弱)。一些证据表明,该计划提高了同一个群体的职业意愿。虽然该计划还很新,但它的应用场景远远超出了英国,并且符合让年轻人为未来的劳动力市场做好准备的更广泛目标,未来的劳动力市场可能会强调这些软技能。

心理健康支持的新形式

孤独感是幸福感和心理健康的交叉点,它们是相关但不同的

[①] 参见洛登和麦奎尔(Lordon and McGuire,2019);赫克曼和考茨(2013)。

概念和条件。幸福感低的人比幸福感程度中等及以上的人更容易出现心理健康问题。解决低幸福感问题的干预措施和已被证明可有效改善心理健康的干预措施具有某些共同特征。在新冠疫情之前，绝望的死亡凸显了美国的绝望危机和其他心理健康疾病。心理健康界的人士意识到护理的供应远远低于需求，尝试了新形式的心理健康支持。毫不意外，在许多层面上，它们与许多成功的幸福干预措施的特征相似。

总的来说，它们的目标是提高认识并为人们获得治疗提供支持，其中社区护理发挥着不可或缺的作用。远程医疗被广泛应用，现在新形式的社区参与在识别风险（而不是诊断）方面发挥着作用。在英国，理查德·莱亚德（Richard Layard）长期以来一直倡导更广泛地采用认知行为疗法和其他心理疗法，并将这些疗法纳入他为推进英国幸福政策所做的许多努力中。"改善心理治疗可及性"（Improving Access to Psychological Therapies）计划每年惠及约50万名患者，其中50%的人实现康复，三分之二的人的病情有所好转。尽管认知行为疗法受到批评，尤其是其在治疗严重精神疾病方面的应用备受争议，但将心理保健作为政府的优先事项并更广泛地提供心理保健是英国的一个重要变化，这一举措也使得各方更加关注这一问题。[①]

在美国，也可以采取一些措施，特别是在心理健康领域。这

---

① 如需对其有效性以及其他扩大心理治疗的有效性的评估，请参阅克拉克（2018）。有关批评，请参阅马齐勒和霍尔（Marziller and Hall, 2009）。

些努力的关键是将心理健康和初级保健结合起来。基于初级保健的方法可以帮助人们及早发现和改善绝望驱动的心理健康问题，及消除物质使用障碍。例如，协作护理模式（collaborative care model）旨在改善整体健康结果，并已被证明可以降低成本，节省的费用主要来自抑郁症恶化带来的共病疾病的改善，如糖尿病和高血压。[1]梅多斯心理健康政策研究所（Meadows Mental Health Policy Institute）模拟了初级保健中普及两种循证治疗的潜在影响——协助护理模式治疗抑郁症和药物辅助治疗成瘾——并预计每年可以挽救近4万人的生命，包括自杀（1.45万人）和服用过量药物（2.4万人）。[2]

鉴于大多数心理健康问题是在学龄期出现的，在学校扩大检测和早期干预是有效的。马萨诸塞州和得克萨斯州的紧急通道（urgent access）措施已显示出规模迅速扩大的潜力。[3]加利福尼亚州欧文分校的另一项普遍抑郁症筛查提案由该校教授里马尔·贝拉（Rimal Bera）提出。

幸福信托基金（Well Being Trust）、哈佛大学公共卫生学院和其他几个组织正在合作，在这一领域建立一种新的"变革理论"（theory of change），让值得信赖的社区成员（从理发师到学

---

[1] 乌尼策尔等（2013）。
[2] 梅多斯心理健康政策研究所（2020）。
[3] 凯斯勒等（Kessler, 2005）。

校教师）参与进来，以评估社区成员心理健康障碍的风险。除了成本效益和可扩展性之外，该理论认为，关系亲密的社区成员比受过培训的技术人员更容易看到（其他社区成员）变化的迹象、困境和其他预警指标。基于该理论的第一个项目计划于2022年推出。

有一些关于韧性的例子，例如马里兰州行为健康管理局的儿童和青少年项目中基于韧性的努力，该项目聚焦从学前班到高中的不同年龄组的课程。综合社区治疗（integrated comunity therapy）是巴西开发的一种基于技术的工具，这种大规模治疗方法旨在围绕共同的生活挑战联系社区中的人们，重建社区联系。该方法为超越临床二元模型的其他公共卫生干预措施奠定了基础。这是"团结关怀"的一种形式，其中社区意识的形成和维持是治疗的一个关键特征。

但值得注意的是，以低成本寻求规模化和广泛覆盖的项目在治疗普通病例方面比处理复杂或更严重的心理健康问题更有效。当然，存在潜在的取舍。话虽如此，鉴于心理健康越来越被认为是比过去（新冠疫情之前）规模大得多的社会挑战，惠及大量人群的策略是值得探索的。尤其是这可能有助于人们在早期阶段发现问题，而不是等到需要更广泛和更密集的医疗治疗时才发现。

公私合作伙伴关系

绝望与劳动力市场之间存在着密切的联系。我们的收入和财富在社会经济领域中分配不均，而且随着时间的推移，这种情况越来越严重。为了应对绝望问题，我们必须关注更好的就业机会，这需要与私营部门合作。有一些公司在其所在社区开展职业培训计划并尝试更公平的所有制结构，还有政府计划为贫困地区的企业主提供信贷和培训。然而这些计划往往范围有限且与联邦公共卫生计划无关。

另外，一些新的公私合作伙伴关系指明了一条有希望的道路。其中包括将幸福作为框架的概念和由幸福数据驱动的干预措施。公共部门可以通过生成国家层面幸福数据并将工人幸福纳入劳动力市场政策，为这一领域做出贡献。许多私营部门已经从许多研究中发现，幸福感较高的工人的生产力更高。

提高工人幸福感不一定要斥巨资；事实上，它可能会提高效率。米莱娜·尼科洛娃和费姆克·诺森（Milena Nikolova and Femke Cnossen，2021）表明，与平均工资增长相比，工人更看重自主权和受到尊重，自主往往会带来更高的绩效和生产力。此外，还有既高效又有效的补充策略，扬-伊曼纽尔·德·内夫（2021）发现，疫情期间衡量员工工作满意度最重要的标准不是工资，而是员工在工作场所获得的归属感。

其他旨在支持小企业——特别是来自弱势背景的企业主的

努力，在受到新冠疫情和经济环境快速变化的威胁之际，对小企业的规模和可持续发展产生了重大影响。例如，科罗拉多州能源公司提供资金，帮助小企业对其技能和可持续发展的其他方面进行投资，包括在新冠疫情背景下改变经济状况。企业生存的关键在于其能够从当地政府获取现成且可靠的信息，包括有关新冠疫情限制和与其业务相关的其他问题的信息，这也是小企业最常提到的问题之一。这是一种提高效率的低成本方式，可以更广泛地实施。

与此同时，小企业成功的重要因素包括信任、希望和归属感。在压榨利润的大公司在大多数行业（从制造业再到服务业）占主导的时代，一些充满活力的小企业，可以支持当地人才、创造力、就业和公民自豪感，这是（对于绝望情绪的）一剂重要解药。

创造力指标可以发挥作用。它们是"价值创造"新模型的一部分，并与其他幸福数据相关联。它们可以帮助我们将幸福、多样性和公平性从"结果"目标转变为提高企业创新能力的前提条件，幸福感的某些方面（生活的目的和意义）与此密切相关，并且与劳动力适应快速变化的经济环境所需的技能获取相关。

正如2025世界经济论坛认可的那样，越来越多的科学证据将创造力与未来经济中至关重要的技能联系起来。[1]创造力也与许

---

[1] 考夫曼和斯滕伯格（Kaufman and Sternberg，2019）。

多在工作和社会环境中调节幸福感的关键机制相关。事实上，我们开始认识到，创造力不仅是一种内部心理过程，而且是个人与环境之间相互作用的结果。[1]

此外，如果包容性（通过希望、信任和归属感等能动性来衡量）和幸福被理解为劳动力能力和创新导向的先决条件和预测信号，那么（企业）就可以在提高创新能力方面取得重大进展。[2] 活力科罗拉多州（Energize Colorado）倡议将这些视为新冠疫情期间小企业成功的重要因素，这并非巧合。

还有一场更广泛的运动将人力资本纳入环境、社会和治理指标，这反映出国家和国际对幸福的日益关注。世界经济论坛最近发布了人力资本核算框架，旨在量化和构建大型组织内部的人力资本（这是历来难以做到的一点），重点关注企业文化、利益相关者领导力和员工的幸福。全球报告（Global Reporting）倡议最近在罗伯特·伍德·约翰逊基金会的支持下制定了商业健康文化（Culture of Health for Business）计划。可持续发展会计准则委员会（Sustainability Accounting Standards Board）已将心理健康、幸福和与健康相关的福利作为其人力资本标准拟修订的重点。

公共和私营部门也在这方面做出许多努力。美国证券交易委

---

[1] 阿马比尔和普拉特（Amabile and Pratt，2016）。
[2] 李斯特等（Lister et al.，2021）。

员会（Securities and Exchange Commission）正在扩大报告要求，纳入一系列广泛的衡量标准，包括培训时间、工人生产力和营业额，并且现在正在考虑纳入人力资本指标报告。国际标准化组织（International Organization for Standardization）指定了23个核心指标，包括工人生产力、健康和幸福以及对领导的信任，供组织跟踪和报告。这些举措与公众对幸福的日益关注相呼应，将幸福作为涵盖身心健康的总体目标，并将员工满意度和参与度纳入衡量我们经济进步标准的一部分。

结论

这一领域的挑战令人畏惧，尤其是在美国，它的财富水平居世界前列，但其幸福水平却不断下降，过早死亡危机、高贫困率、公共卫生系统支离破碎，以及似乎正在瓦解的社会。正如本书中多次强调的那样，（解决这些问题）没有灵丹妙药。许多经验源于关于幸福的文献，这些经验已经在成功的干预措施中得到检验，并为制定解决绝望情绪、心理健康问题和应对不断变化的劳动力市场挑战的政策提供了见解。

而相关的教训则让人想起20世纪70年代和80年代的经济发展文献：自上而下的解决方案效果不佳；让社区参与自身的复兴至关重要；学会依赖社会关系等关系网、专业人士和公共部门；

利用私营部门的力量；尊重那些帮助受访者改善未来的意见和投入；让年轻人接受教育，支持他们的意愿，并提供指导和知识，让他们为自己的未来做好准备。

而且，回到本书的主题，希望很重要，并且是这些方法的一部分。虽然希望类似于乐观主义——个人相信事情会变得更好——但希望（而不是乐观主义）的一个重要部分是，个人可以做一些事情改善自己的生活，从而展现对未来的自主权。帮助他们形成对未来的愿景将促使他们拥有希望和意愿。

但我们当下在美国数以百万计的个人身上及其所在的社区中并没有看到希望，个人和社区的绝望正在将其传递给下一代。因此，我们需要思考如何复兴整个社区和鼓舞其中的个人，然后制定策略来帮助下一代不至于陷入同样的状态。下一代的希望也许是优先事项，但如果不解决前面两个问题，目标就很难实现。有些社区永远不会复兴，我们能做的最好的事情就是鼓励社区中的年轻人搬走并在其他地方寻求新生活。而到时候，许多社区可以复兴并从上述各种策略中受益，这将为下一代提供复兴社区的经验。

正如我和我的合著者在布鲁金斯学会关于绝望和经济复苏的报告中所建议的那样，公共政策在提供后勤支持方面发挥着重要作用，最重要的是传递适用于其他社区的经验教训和策略。事实上，地方政府经常缺少关于其他地方成功的经验和如何复制这些经验的信息，而这正是联邦政府可以发挥的简单而关键的作用。

此外，与目前正在实施但往往孤立运作的许多斥巨资的支持政策相比，支持重拾希望的努力的小额赠款也能有所帮助，并且具有成本效益（例如，推动经济复苏的政策很少包括解决心理健康问题的部分）。支持辅导计划并鼓励私营部门提供培训和实习机会对于缩小贫困社区年轻人所面临的信息差距至关重要。让社区层面参与进来既能帮助接受支持的个人，也有利于社区本身，能创造新的机构和变革机会。

这是一个渐进的过程；它不会在任何时候、任何地方都奏效，甚至可能适得其反。然而，如果不解决我们绝望的社会危机——这需要重振希望——我们所有其他的努力，比如振兴经济、治愈社会、缩小社会话语和政治中的分歧，弥合抱有希望和处于绝望中的人之间的鸿沟都将无从谈起。而且，最终，如果社会中有太多的人陷入绝望，那么重拾希望就不可能了。我们有一些工具，尽管相对较新且不成熟，但它们在许多地方都被证明是有效的。如果我们不尝试，肯定不会成功。

鉴于增进幸福的目标可以在个人、公共和私营部门以及不同人群和地区之间共享，它是一个宝贵的公共物品。一个幸福感更高的社会更有可能拥有更高的生产力、更繁荣和更民主。以此为目标的美国会比当前处于悬崖边上的美国更好。

第六章

我们能使美国重拾希望吗？

> 事实是，希望不是我们给出的承诺，它是我们生活的一部分。
> ——阿曼达·戈尔曼（Amanda Gorman），《纽约时报》，2022年1月20日

在这本书中，我花了很多篇幅来阐述为什么当下希望比历史上任何时候都更重要。为什么希望对下一代至关重要，为什么下一代对于恢复美国社会健康以及繁荣至关重要。这需要更好地理解希望和韧性的根源，衡量不同人群和地区的希望模式，了解如何让失去希望的人群重拾希望，并将其纳入我们改善社会健康状况和幸福的政策中。我们还有很长的路要走。

当我们面临历史性的信任和认同危机时，我们还有机会实施变革：改变我们对繁荣的看法，改变我们教育年轻人的方式，改变我们的生活方式。在构想我们社会的未来时，我们仍然需要

将市场和民主作为基础。尽管偶有偏差,但市场在过去表现得很好。正如温斯顿·丘吉尔所说:"除了人类尝试过的其他一切政府形式,民主的确是最坏的政府形式。"而且,在我职业生涯的大部分时间里,我都在研究由于糟糕的政策而扭曲的市场的成本,尤其是穷人的成本。我也同样确信——正如大多数经济学家所认为的那样——我们不能没有它们,尽管我们当然可以改善它们的运作方式。

然而,我们需要社会中的大多数人拥有希望和能动性,而这在现在几乎不可能。这需要教育我们所有的年轻人(而不仅仅是那些有能力支付学费的人),为适应未来的世界做好准备。我们需要关注全社会的健康和幸福;我们需要让那些失去希望的人,特别是年轻人,重拾对未来的希望和愿景。事实上,由于政治和劳动力市场功能失调,那些没有受过高等教育的人的机会越来越少,再叠加新冠疫情影响,我们看到大多数国家的年轻人抑郁、焦虑和对未来缺乏信心的情况有所增加。[①]拥有共同的、更美好的未来的愿景是解决方案的一部分。

本书的几个章节展示了对未来的不同愿景——不仅是在同一个国家,而且在同一个县。同样贫困的人们对未来的希望、幸福和意愿也不同。历来受到歧视(现在仍然如此)的少数群体克服重重困难取得了进步,并且仍然相信更好的未来;他们还相信投

---

① 然而,它们增加的程度取决于调查、调查问题和参考时期。我们在多布森等的研究中详细讨论了这一点。

资技能和教育的重要性。

蓝领白人在过去基本上享有实现美国梦的特权,但现在已经落后并失去了他们的生活叙事,并且没有替代品,甚至没有可以想象的替代品。他们当前叙述的是对未来的绝望而不是希望,并且正将其传递给下一代。同样令人担忧的是,这一群体中的许多人也对能够让他们和整个社会取得进步的工具失去了信心:教育、科学、社会参与以及对真理的共识。

关于如何解决这个问题,我们还有很多不知道的地方。已经有很多人提出要为年轻人提供更好的教育和培训、新的工作种类以及其他政策和计划。这些想法很重要,但需要时间去实践。如果人们对自己的未来不抱希望、对制度不信任,这些措施就不会被采纳。从短期来看,减少绝望、重拾希望是解决方案的关键部分。

我们可以从幸福科学中学习,希望一直被视为幸福和其他幸福维度的一部分,例如生活的目的和意义,但它尚未被确定为幸福的一部分。然而,幸福的许多积极特性——更健康、更长寿和更强的韧性——更多地与希望及其能动性有关,而不是与短暂的快乐或被最广泛使用的幸福评估有关。幸福,即生活满意度,是一种评价性指标。希望是一种更积极的、面向未来的幸福维度,而短暂的快乐和幸福都属于事后评估。

这也说明我们需要完善希望的定义并定期地衡量它。如果我们想让人们和失去希望的地方重拾希望,我们就需要加深对希望的理解。幸福科学取得如此长足进步的原因之一是，许多对于幸福的衡量标准现已被纳入大规模调查中，使得经济学家和其他学者能够探索其决定因素及因果特性。然而，我们才刚刚开始衡量希望并了解其相关性和因果特性。

正如我所说，现在是时候这样做并从政策角度思考希望了。人们对幸福感指标越来越感兴趣，我们有可靠的科学依据让幸福指标成为政策设计和评估的一部分。虽然美国的官方调查工作大部分都是衡量不幸福的标志，例如焦虑和抑郁，但同样重要的是了解幸福的积极维度，特别是我们能否及如何利用这些发现来对抗绝望和痛苦。

这确实是一个未知领域。然而，这也是我们的健康、社会关系、就业和生活方式面临前所未有的挑战的时刻，这些正在考验我们对未来的信心。受新冠疫情影响，许多我们认为理所当然的事情现在变得遥不可及，比如曾经习以为常的工作和学校环境，涉及人际接触的社会关系和友谊，以及作为日常生活一部分的艺术和音乐。对于那些在疫情前就已经处于不利地位的人来说，未来更加不确定，尤其是穷人，而贫穷国家的穷人更是如此。重拾希望将是人们成功适应未来的重要组成部分。

这并不是美国第一次面临对未来的不确定性和挫折的挑战。我们经历了镀金时代，接着是大萧条，然后是在罗斯福新政中对共同未来有了新愿景。我们向贫困宣战和发起了黑人民权运动，然后又回归原始的个人主义、涓滴经济以及相关的政府怀疑主义。在20世纪80年代末，我们似乎就以下问题达成了一些共识：维持自由、开放的经济体系，同时关注国内外的幸福。但这一点被2009年金融危机侵蚀。从那时起，我们对前进的道路失去了共识。

我们需要对未来有新的愿景，这需要希望，而现在需要优先考虑社会幸福、健康和经济繁荣。对未来的希望与对现状的改变是可以兼容的。我们拥有量化和分析经济发展的工具，这是过去所没有的。我们可以通过评估它们如何对我们的和平与繁荣造成负担，以及它们如何损害人们的身心健康，无论老少。

美国是世界上唯一一个预期寿命在过去十年中缩减的富裕国家，这主要是由可预防的死亡造成的。这个国家在人类进步方面进行了关键的创新，如发明了灯泡、飞机以及开创了脊髓灰质炎等多种疾病的治疗方法，却无法解决中年人服用过量药物和自杀导致的死亡问题。这尤其具有讽刺意味，因为我们有改善大脑健康的治疗方法和提升脑力资本的策略；将人类情感和行为纳入过去静态经济模型的方法；以及衡量个人互动如何聚合成意想不到的结果的新方法，无论是坏的（暴力引爆点[①]），还是好的（增强对法律和机构的信任）。[②]

[①] 暴力引爆点通常指的是社会、政治或经济系统中的临界点，一旦达到这个点，就可能引发剧烈的、不可预测的，甚至可能是暴力的变化。——译注

[②] 有关社会规范的形成和演变的精彩介绍，请参阅扬（1998）。

社会科学在方法和精度方面取得了很大的发展，现在不仅可以结合物理和生物科学常用的方法，而且可以推动它们的发展。这些进步之一就是新的科学测量，综合了两者的工具和方法。社会科学还贡献了许多新颖的方法，例如投资大脑健康和脑力资本，解决以前被忽视的心理健康问题，以及有助于理解基因与环境之间的相互作用。[①]

幸福科学可以通过新工具以及经济学家、心理学家、遗传学家和精神病学家之间的跨学科合作，为解决贫困和绝望等老问题提供新的视角。它还可以识别新的研究领域，例如为什么遗传幸福感较低的个体与遗传幸福感较高的个体相比，行为方式不同，并且通常具有不同的奖励模式，以及为什么较高的幸福水平与更长的寿命和更富足的生活有关。相关研究正在探索如何基于这种互动来提高幸福感，以及学习那些幸福感较高的人所表现出的行为。像任何其他科学一样，有些问题我们无法解决，我们的工具存在一些偏差。尽管如此，这些工具仍然可以在关键时刻为解决方案做出贡献。

在本书的前半部分，我简要回顾了衡量幸福的最新进展，这是我在过去二十年中为之做出贡献并感到自豪的事情。例如，在

---

① 脑力资本的概念由普罗迪奥大脑研究所（Prodeo Brain Institute）的哈里斯·艾尔博士（Dr. Harris Eyre）和牛津大学的威廉·海耶斯（William Hayes）教授提出，现在正在作为经合组织的官方国际倡议付诸实施——这在很大程度上要归功于他们的努力。有关它及其与幸福的关系的详细信息，请参阅艾尔等（2021）。

我的努力下，幸福经济学已经从边缘回到主流。英国、新西兰和加拿大政府都将社会幸福作为公共政策的优先事项。虽然美国远远落后，但新冠疫情及其对心理健康造成的影响——除了我们先前存在的绝望危机之外——唤醒了我们，让我们意识到需要优先考虑社会幸福和经济繁荣。这让我们有机会衡量和探索幸福的新维度——希望——的属性，这可能有助于减少困扰社会大部分人的绝望情绪。

我在本书中用了很多篇幅来强调希望及其属性在帮助个人、社区和社会制定未来愿景方面的作用。我们需要进一步理解希望，对其可以发挥的作用有更具体的认识。第一步是开始在我们的幸福标准调查中衡量希望，以便学者们使用稳健的方法探索其因果特性，一旦数据可用，就可以将调查结果纳入公共政策讨论。在应对新冠疫情带来的挑战之后，我们有一个机会窗口来收集必要数据。

更困难的是，我们需要为社会广大群体找到机会，改变我们社会赢家通吃的模式。要想抓住这些机会，就需要重建对体制的信心和信任。这将需要向那些失去希望的人灌输：希望这个系统能够发挥作用，如果他们投资于自己的未来，他们就能取得成功，并且社区和机构（正式和非正式的）可以帮助他们。

这对于下一代很重要，尤其是那些一开始就处于不利地位的人，他们面临着劳动力市场、健康和社会生活的不确定性。在贫困和不确定的背景下，希望尤其重要，因为没有希望，人们就不可能生存下去。我们应该帮助他们应对不确定性并抓住最终出现的机会。美国的体系正在瓦解，我们所进入的未知领域迫使我们尝试变革和制定新策略。作为一个国家和一个国际社会，我们的分歧日益加剧，新的思维和方法有很大的空间。

在我们的愿景中优先考虑人类幸福而不是经济进步，这可能是让我们重新团结在一起的黏合剂。如上所述，这并不意味着我们的经济要付出代价，而是意味着这将有利于发挥我们的经济潜力。我们需要市场、经济进步和创收活动来实现许多目标，例如改善我们社会的健康、教育和幸福。就经济进步而言，关注幸福并不是零和博弈：幸福水平较高的群体和社会往往生产力更高。

然而，我们不能指望一个在机会、教育、健康和希望方面存在分歧的群体具有生产力和凝聚力。正如我所指出的，美国曾经发明了灯泡、飞机，现在却有很大一部分人生活在绝望之中，对未来不抱希望，对科学和教育没有信心，也没有为自己的孩子提供更好的生活的意愿。这种状况与一些人群——物质上匮乏且历来受到歧视的少数群体——的巨大希望和韧性并存。想要融合他们的意愿并不容易。

让他们更加紧密地联系在一起的一种方法是增强那些不抱希望的人的希望，并强调通向更美好未来的途径。正如第五章所讨论的，我们有一些幸福领域和其他学科的例子、经验和实验可供参考。第一步是应对各个年龄段大部分人普遍存在的绝望情绪。第二步对于年轻人来说很重要，那就是提供指导，告诉他们未来可以为下一代带来什么、有什么机会以及参与这些机会需要哪些技能。

我们可以而且必须做的一件事就是支持那些有意愿的人。在这种情况下，那些大多数受过高等教育的青少年似乎都有导师——无论是在家庭中还是在社区中。然而，他们在前进的路上仍然需要帮助，包括如何接受培训以及获得他们所需要的相关技能的信息，交通和财务方面的支持。这只是第一步，但是他们的成功或许会让那些没有希望和意愿的人相信这是值得尝试的。至少，我们应该让他们了解，如果他们投资于自己，他们可以取得什么成就。

这是一个未知的领域。白人很少从他们传统上歧视的少数族裔身上吸取经验。该怎么办？在某种程度上，也许只是向他们展示趋势和变化——这些少数族裔缩小了与他们在健康、教育和其他成果方面的差距——可能会发挥作用（当然，在当前种族主义日益加剧的背景下，这也可能适得其反）。

尽管如此，通过创造积极的叙事来改变叙事可能是重要的一步。毫不奇怪，如果低收入白人青少年的意愿得不到支持，对高等教育和科学没有信心，对他人缺乏信任，那么他们对未来的愿景就仅限于他们所拥有和知道的东西。这不仅本身就很可悲，而且在不断变化的劳动力市场中，他们甚至不可能获得像他们的父母那样的生活。如果不获得更多的技能和证书，他们就不可能拥有稳定的工作、医疗保险和其他有助于建立可持续和更美好未来的支持。他们最终将面临持续的不确定性，这使得他们很难为未来做好计划或储蓄。

希望可能看起来像是白日梦。然而，正是因为它包含了让事情变得更好的意愿以及相信事情可以变得更好，所以希望是一个改变的关键步骤。正如第五章所述，许多计划都有一些相关的经验和教训。如果恢复社区精神和团结以帮助年轻人取得成功是一个目标，那么像波特兰社区壁球项目和幸福促进中心这样的计划就会浮现在我的脑海中，部分原因是它们打破了特定群体的现有障碍，包括种族歧视。在这种情况下，低收入白人可能需要与少数族裔一样多的支持，甚至更多的支持，至少在制定新的生活叙事方面，包括建设并投资更美好的未来。

然而，心理健康正成为年轻人面临的一个紧迫问题，部分原因是新冠疫情带来的不确定性以及持续的趋势，例如低技能工作的减少。如果不及早诊断，生命早期的心理健康问题可能会成为个体的终身障碍。越来越多的人呼吁在学校进行筛查并将其作为初级保健的一部分，这是一种关键的预防措施。让有需要的人广泛获得医疗服务并以不带有侮辱性的方式将其引入公共话语体系也是如此。[①]

---

① 例如，盖洛普世界民意调查的数据发现，女性的生活满意度高于男性，但压力更大，抑郁程度也更高。较高的生活满意度分数部分是由于报告偏见因素影响和贫穷国家女性的低期望。男性报告的抑郁程度较低也可能受到偏见因素的影响，因为男性在讨论心理健康时更有可能感到耻辱，特别在贫困环境中抑郁并不常见。参见蒙哥马利（Montgomery，2022）。

这些解决方案都不是完整的或确定的。事实上，它们只是解决复杂社会问题的初步步骤，这个问题涉及公共和心理健康、心理学、教育和劳动力市场（当然，还有对未来的希望）。不以帮助人们重拾希望和相关意愿为起点，任何解决方案都不可能奏效；也许，这些受访者的家庭通过携手努力，从事好工作，就能拥有光明的未来。这是我们可以为之奋斗的愿景，我们可以通过帮助他们重拾希望来实现这一目标。

附录A 统计分析

模型1

在第一个模型中,我们指定一个滞后模型,如下所示:

$Outcomes_{i,wave2} = \beta_0 + \beta_1 Aspirations_{i,wave1} + X_{i,wave1}\Gamma + \varepsilon_{i,wave2}$

其中$Outcomes_{i,wave2}$包括以下结果:学校成绩、选择成为全日制学生的概率、参与学校相关活动的时间、追求职业发展的时间和危险行为。$Aspirations_{i,wave1}$包括三种意愿(教育、职业或迁移),$X_{i,wave1}$是时变控制向量,包括个人和家庭层面的特征和人格特质。最后,$\varepsilon_{i,wave2}$是一个不可观察的误差项。这种设置使我们能够进行简单的测量以确定意愿与未来结果之间的相关性。如果不存在相关性,我们预期β_1不显著。

模型2

我们指定第二个模型如下:

$$\Delta Outcomes_{i,w_2-w_1} = \beta_1 \Delta Aspirations_{i,w_2-w_1} + \Delta X_{i,w_2-w_1}\Gamma + \Delta \varepsilon_{i,w_2-w_1}$$

我们探讨了个人意愿的变化如何与第一波和第二波调查之间人力资本成果的变化相关。与模型1一样，我们感兴趣的参数是β_1。

表A.1 测试可观察量的非随机损耗

	丢失跟进	继续跟进	t统计量	p值
个人特征				
女性	42%	57%	−2.6	0.01**
年龄（岁）	18.44	18.45	−0.1	0.90
已婚	5%	5%	0.2	0.87
已育	12%	13%	−0.2	0.81
父母亡故	5%	9%	−1.5	0.13
过去一年有工作	79%	76%	0.6	0.53
目前有工作	42%	33%	1.7	0.10
主观相对收入（0—6分）	2.90	2.98	−1.2	0.22
意愿				
教育意愿（0—10分）	7.00	7.75	−2.5	0.01*
职业意愿（0—10分）	7.97	8.07	−0.5	0.62
迁移意愿（0—10分）	5.34	5.03	0.7	0.46
人格特质				

续表

	丢失跟进	继续跟进	t统计量	p值
情绪症状（0—10分）	3.67	4.16	−1.7	0.10
内部控制点（0—6分）	3.21	3.24	−0.3	0.75
外部控制点（0—6分）	2.53	2.49	0.3	0.75
自我效能感（0—15分）	10.27	9.96	1.5	0.14
主观幸福感（0—8分）	4.70	4.69	0.0	0.97
结果				
平均受教育年限	11.7	11.8	−0.6	0.55
全日制学生	60%	71%	−2.0	0.05*
参与学校相关活动的时间	34%	40%	−2.0	0.05*
追求职业发展活动的时间	33%	43%	−1.7	0.09
吸烟	47%	41%	1.1	0.29
喝酒	64%	68%	−0.7	0.50
不安全性行为	21%	17%	0.8	0.45
携带武器	2%	3%	−0.6	0.56

注：我们以十分制重新调整了三种意愿，以便于比较三种意愿的平均水平。除年龄和主观相对收入外的所有个人特质均为虚拟变量。除平均受教育年限和参与学校相关活动的时间之外的结果都是虚拟变量。其余变量是分数，范围显示在括号中。p值来自双尾t检验。星号表示统计显著性：*p<0.05，**p<0.01，***p<0.001。

表A.2　平均意愿随时间的变化

意愿	第一波	第二波	p值
教育意愿	7.8（标准差2.3）	7.5（标准差2.6）	0.09
职业意愿	8.1（标准差1.7）	8.1（标准差1.9）	0.74
迁移意愿	5.0（标准差3.3）	4.9（标准差3.4）	0.81

注：我们以十分制重新调整了三种意愿，以便于对三种意愿进行比较。p值来自双尾t检验。星号表示统计显著性：*$p<0.05$，**$p<0.01$，***$p<0.001$。

表A.3　随时间变化的人格特质

	第一波（$n=400$）	第二波（$n=301$）	t检验p值
情绪症状（0—10分）	4.0	4.2	0.36
内部控制点（0—6分）	3.2	4.6	0.00***
外部控制点（0—6分）	2.5	2.5	0.65
自我效能感（0—15分）	10.0	10.2	0.12
主观幸福感（0—8分）	4.7	4.8	0.22
不耐烦	0.4	0.5	0.32
努力工作的信念	3.6	3.3	0.00***
愿意承担风险	2.6	3.0	0.00***
交友能力	3.0	3.0	0.99

续表

	第一波 （n=400）	第二波 （n=301）	t检验p值
自尊	3.1	3.3	0.00***
乐观	3.4	3.6	0.00***

注：最后六行中的所有变量均为虚拟变量。p值来自双尾t检验。星号表示统计显著性：*$p<0.05$，**$p<0.01$，***$p<0.001$。

表A.4 随时间变化的人力资本成果

	第一波 （n=400）	第二波 （n=301）	t统计量	p值
平均受教育年限	11.8	14.3	−15.2	0.00***
全日制学生	68%	50%	4.8	0.00***
参与学校相关活动的时间	39%	28%	4.6	0.00***
追求职业发展活动的时间	41%	55%	−4.0	0.20
吸烟	42%	49%	−1.7	0.09
喝酒	67%	81%	−4.3	0.00***
不安全性行为	18%	31%	−3.8	0.00***
携带武器	3%	2%	0.4	0.72

注：除平均受教育年限外的所有结果均为虚拟变量。p值来自双尾t检验。星号表示统计显著性：*$p<0.05$，**$p<0.01$，***$p<0.001$。

附录A 统计分析 159

表A.5.1 模型1（滞后模型，教育意愿）

变量	平均受教育年限	全日制学生	参与学校相关活动的时间	追求职业发展活动的时间	吸烟	喝酒	不安全性行为	携带武器
第一波调查时的教育意愿	0.25**	0.27***	0.30***	0.14*	−0.14*	−0.03	−0.19**	0.03
	(0.09)	(0.06)	(0.06)	(0.07)	(0.06)	(0.05)	(0.07)	(0.04)
女性	0.01	−0.11	−0.18**	−0.06	−0.30***	−0.12*	−0.11	−0.08
	(0.06)	(0.06)	(0.06)	(0.06)	(0.06)	(0.05)	(0.07)	(0.05)
家庭资产指数	0.16**	0.25***	0.25***	0.03	0.02	0.01	−0.16*	−0.05
	(0.06)	(0.05)	(0.05)	(0.06)	(0.06)	(0.04)	(0.07)	(0.07)
经历的冲击数	0.02	−0.05	−0.10	0.05	0.01	0.04	0.01	−0.03
	(0.06)	(0.06)	(0.06)	(0.06)	(0.06)	(0.04)	(0.07)	(0.03)
情绪症状	0.22**	0.22***	0.20***	0.09	0.07	0.06	0.06	0.05
	(0.07)	(0.06)	(0.06)	(0.06)	(0.06)	(0.05)	(0.07)	(0.06)
内部控制点	0.01	−0.04	−0.03	−0.03	0.18*	0.05	0.15	0.14
	(0.07)	(0.08)	(0.09)	(0.09)	(0.09)	(0.07)	(0.09)	(0.08)
外部控制点	−0.03	−0.03	−0.02	−0.04	−0.08	0.00	−0.09	−0.19*

续表

变量	平均受教育年限	全日制学生	参与学校相关活动的时间	追求职业发展活动的时间	吸烟	喝酒	不安全性行为	携带武器
自我效能感	0.05 (0.06)	0.04 (0.07)	0.04 (0.06)	-0.03 (0.07)	0.02 (0.06)	0.04 (0.05)	-0.02 (0.07)	0.01 (0.09)
主观幸福感	0.04 (0.05)	0.02 (0.06)	0.03 (0.06)	-0.05 (0.06)	-0.03 (0.07)	0.05 (0.04)	-0.04 (0.07)	-0.02 (0.07)
不耐烦	-0.06 (0.06)	-0.06 (0.05)	-0.03 (0.05)	0.05 (0.06)	-0.04 (0.06)	-0.10^* (0.05)	-0.07 (0.07)	-0.05 (0.05)
努力工作的信念	-0.01 (0.05)	0.02 (0.06)	-0.00 (0.06)	0.05 (0.06)	0.01 (0.06)	-0.01 (0.04)	-0.07 (0.07)	-0.08 (0.05)
常数项	0.57^{***} (0.07)	-0.24^{**} (0.07)	-0.20^{**} (0.07)	0.11 (0.08)	0.18^* (0.09)	-0.10 (0.07)	0.23^{**} (0.09)	0.05 (0.07)
观测值	248	300	301	301	297	296	291	296 (0.09)
R^2	0.16	0.20	0.23	0.04	0.11	90.0	0.07	0.05

注：我们应用了稳健的标准误差（括号内）并使用整个样本的标准差来标准化系数。星号表示统计显著性：$^*p<0.05$，$^{**}p<0.01$，$^{***}p<0.001$。

表A.5.2 模型1（滞后模型，职业意愿）

变量	平均受教育年限	全日制学生	参与学校相关活动的时间	追求职业发展活动的时间	吸烟	喝酒	不安全性行为	携带武器
第一波调查时的职业意愿	0.12*	0.12*	0.16**	0.01	−0.04	−0.10	−0.11	0.02
	(0.05)	(0.06)	(0.05)	(0.06)	(0.05)	(0.06)	(0.07)	(0.02)
女性	−0.02	−0.14*	−0.22***	−0.07	−0.29***	−0.10*	−0.09	−0.09
	(0.06)	(0.06)	(0.06)	(0.06)	(0.06)	(0.05)	(0.07)	(0.05)
家庭资产指数	0.20**	0.30***	0.31***	0.05	−0.01	−0.01	−0.20**	−0.05
	(0.06)	(0.05)	(0.05)	(0.06)	(0.06)	(0.04)	(0.07)	(0.07)
经历的冲击数	0.05	−0.04	−0.09	0.05	−0.01	0.03	0.00	−0.03
	(0.06)	(0.06)	(0.06)	(0.06)	(0.06)	(0.04)	(0.07)	(0.03)
情绪症状	0.21**	0.21***	0.19**	0.09	0.08	0.06	0.06	0.05
	(0.07)	(0.06)	(0.06)	(0.06)	(0.06)	(0.05)	(0.07)	(0.06)
内部控制点	0.01	−0.05	−0.05	−0.03	0.20*	0.07	0.16	0.14
	(0.07)	(0.09)	(0.09)	(0.09)	(0.09)	(0.07)	(0.09)	(0.08)
外部控制点	−0.03	−0.03	−0.02	−0.05	−0.08	−0.00	−0.09	−0.19*
	(0.06)	(0.07)	(0.07)	(0.07)	(0.07)	(0.05)	(0.07)	(0.09)

续表

变量	平均受教育年限	全日制学生	参与学校相关活动的时间	追求职业发展活动的时间	吸烟	喝酒	不安全性行为	携带武器
自我效能感	0.07 (0.05)	0.06 (0.06)	0.07 (0.06)	−0.03 (0.06)	0.00 (0.07)	0.04 (0.04)	−0.03 (0.07)	0.01 (0.07)
主观幸福感	0.05 (0.07)	0.04 (0.06)	0.05 (0.05)	−0.04 (0.06)	−0.04 (0.06)	0.04 (0.05)	−0.04 (0.07)	−0.02 (0.05)
不耐烦	−0.07 (0.06)	−0.07 (0.06)	−0.04 (0.06)	0.04 (0.06)	−0.02 (0.06)	−0.11** (0.04)	−0.05 (0.07)	−0.08 (0.05)
努力工作的信念	−0.02 (0.06)	0.02 (0.07)	0.00 (0.06)	0.06 (0.07)	0.00 (0.05)	0.00 (0.07)	0.12 (0.07)	0.07 (0.05)
常数项	0.62*** (0.07)	−0.22** (0.08)	−0.18* (0.08)	0.12 (0.08)	0.18* (0.09)	−0.10 (0.06)	0.22* (0.09)	0.05 (0.09)
观测值	245	297	298	298	295	294	289	294
R^2	0.13	0.16	0.19	0.02	0.09	0.07	0.06	0.05

注：我们应用了稳健的标准误差（括号内）并使用整个样本的标准差来标准化系数。星号表示统计显著性：$^*p<0.05$，$^{**}p<0.01$，$^{***}p<0.001$。

表A.5.3 模型1（滞后模型，迁移意愿）

变量	平均受教育年限	全日制学生	参与学校相关活动的时间	追求职业发展活动的时间	吸烟	喝酒	不安全性行为	携带武器
第一波调查时的迁移意愿	0.04	0.03	0.02	0.13*	−0.05	−0.07	−0.08	−0.10*
	（0.06）	（0.06）	（0.06）	（0.1）	（0.06）	（0.05）	（0.07）	（0.05）
女性	0.02	−0.12	−0.19**	−0.07	−0.29***	−0.13*	−0.10	−0.11*
	（0.07）	（0.06）	（0.07）	（0.1）	（0.07）	（0.06）	（0.07）	（0.06）
家庭资产指数	0.21**	0.30***	0.31***	0.07	0.00	−0.02	−0.22**	−0.07
	（0.07）	（0.05）	（0.05）	（0.1）	（0.06）	（0.05）	（0.07）	（0.07）
经历的冲击数	0.06	0.00	−0.03	0.07	−0.00	0.04	−0.04	−0.05
	（0.07）	（0.06）	（0.06）	（0.1）	（0.07）	（0.05）	（0.07）	（0.04）
情绪症状	0.21**	0.22**	0.17**	0.04	0.06	0.06	0.11	0.00
	（0.08）	（0.07）	（0.06）	（0.1）	（0.07）	（0.06）	（0.08）	（0.05）
内部控制点	0.03	−0.04	−0.05	−0.01	0.20*	0.06	0.24**	0.15
	（0.08）	（0.09）	（0.09）	（0.1）	（0.10）	（0.07）	（0.09）	（0.08）
外部控制点	0.01	−0.06	−0.05	−0.07	−0.10	−0.02	−0.11	−0.16

续表

变量	平均受教育年限	全日制学生	参与学校相关活动的时间	追求职业发展活动的时间	吸烟	喝酒	不安全性行为	携带武器
自我效能感	0.04 (0.06)	0.07 (0.07)	0.06 (0.07)	-0.07 (0.1)	0.02 (0.07)	0.05 (0.05)	-0.03 (0.08)	0.05 (0.08)
主观幸福感	0.05 (0.05)	0.05 (0.06)	0.07 (0.06)	-0.02 (0.1)	-0.01 (0.07)	0.05 (0.04)	-0.05 (0.07)	-0.08 (0.07)
不耐烦	-0.08 (0.07)	-0.07 (0.06)	-0.05 (0.06)	-0.00 (0.1)	-0.04 (0.06)	-0.13** (0.05)	-0.08 (0.08)	-0.12* (0.04)
努力工作的信念	-0.01 (0.06)	0.02 (0.06)	0.00 (0.06)	0.10 (0.1)	0.00 (0.06)	0.01 (0.04)	0.10 (0.07)	0.05 (0.05)
宗教项	0.64*** (0.06)	-0.21* (0.07)	-0.18* (0.06)	0.10 (0.1)	0.22* (0.06)	-0.09 (0.08)	0.33*** (0.07)	0.05 (0.04)
观测值	217 (0.08)	265 (0.08)	266 (0.08)	266 (0.1)	263 (0.10)	262 (0.07)	258 (0.10)	262 (0.10)
R^2	0.12	0.16	0.17	0.04	0.10	0.08	0.08	0.09

注：我们应用了稳健的标准误差（括号内）并使用整个样本的标准差来标准化系数。星号表示统计显著性：$^*p<0.05$，$^{**}p<0.01$，$^{***}p<0.001$。

表A.6.1 模型2（个人固定效应模型，教育意愿）

变量	平均受教育年限	全日制学生	参与学校相关活动的时间	追求职业发展活动的时间	吸烟	喝酒	不安全性行为	携带武器
教育意愿	0.08	0.26***	0.21***	−0.07	−0.05	0.07	−0.00	−0.14*
	(0.06)	(0.06)	(0.05)	(0.06)	(0.06)	(0.06)	(0.07)	(0.07)
婚姻状况	0.02	−0.17***	−0.14***	−0.04	−0.05	−0.08	0.15*	−0.13
	(0.05)	(0.04)	(0.04)	(0.06)	(0.05)	(0.04)	(0.06)	(0.07)
是否工作	0.05	−0.12*	−0.27***	0.16**	0.03	0.00	0.01	−0.10
	(0.05)	(0.05)	(0.04)	(0.06)	(0.04)	(0.05)	(0.06)	(0.06)
经历的冲击数	−0.20***	0.10	0.03	0.03	−0.05	0.05	−0.03	0.02
	(0.06)	(0.06)	(0.05)	(0.07)	(0.05)	(0.06)	(0.06)	(0.04)
情绪症状	−0.05	−0.03	−0.06	0.03	−0.05	−0.01	0.11	0.10
	(0.07)	(0.07)	(0.06)	(0.08)	(0.07)	(0.07)	(0.09)	(0.08)
内部控制点	0.32***	−0.07	−0.05	0.04	0.06	0.02	0.11*	−0.02
	(0.04)	(0.04)	(0.04)	(0.05)	(0.04)	(0.05)	(0.05)	(0.04)
外部控制点	0.01	0.01	0.02	0.05	0.07	0.02	−0.00	0.13
	(0.05)	(0.06)	(0.05)	(0.06)	(0.04)	(0.05)	(0.05)	(0.08)
自我效能感	0.02	0.09	−0.11*	0.13*	−0.05	−0.04	0.01	0.01

续表

变量	平均受教育年限	全日制学生	参与学校相关活动的时间	追求职业发展活动的时间	吸烟	喝酒	不安全性行为	携带武器
主观幸福感	0.01	0.12*	0.08	0.14*	-0.03	-0.07	-0.01	0.10
	(0.05)	(0.05)	(0.05)	(0.06)	(0.05)	(0.06)	(0.07)	(0.07)
不耐烦	-0.03	0.07	0.10*	-0.08	0.05	0.07	0.03	0.06
	(0.06)	(0.06)	(0.05)	(0.06)	(0.05)	(0.06)	(0.06)	(0.06)
努力工作的信念	-0.20***	0.03	0.07	-0.12*	-0.01	0.15**	-0.06	-0.02
	(0.05)	(0.05)	(0.05)	(0.05)	(0.05)	(0.05)	(0.05)	(0.05)
常数项	0.02***	-0.00	0.00***	-0.00***	0.00	0.00	-0.00	-0.00
	(0.00)	(0.00)	(0.00)	(0.00)	(0.00)	(0.00)	(0.00)	(0.00)
观测值	645	700	701	701	688	676	678	688
R^2	0.43	0.20	0.26	0.10	0.04	0.06	0.10	0.07
受访者数量	397	400	400	400	398	395	395	399

注：我们应用了稳健的标准误差（括号内）并使用整个样本的标准差表示标准化系数。星号表示统计显著性：* $p<0.05$，** $p<0.01$，*** $p<0.001$。

表A.6.2 模型2（个人固定效应模型，职业意愿）

变量	平均受教育年限	全日制学生	参与学校相关活动的时间	追求职业发展活动的时间	吸烟	喝酒	不安全性行为	携带武器
职业意愿	0.01 (0.05)	0.08 (0.07)	0.03 (0.05)	−0.04 (0.06)	−0.18** (0.06)	−0.07 (0.07)	−0.02 (0.08)	−0.13 (0.07)
婚姻状况	0.02 (0.06)	−0.15** (0.06)	−0.12* (0.05)	−0.05 (0.07)	−0.04 (0.06)	−0.05 (0.05)	0.16* (0.07)	−0.17 (0.10)
是否工作	0.04 (0.06)	−0.08 (0.06)	−0.24*** (0.05)	0.16* (0.07)	0.02 (0.04)	−0.02 (0.06)	0.04 (0.06)	−0.08 (0.07)
经历的冲击数	−0.22*** (0.07)	0.05 (0.07)	−0.00 (0.06)	0.04 (0.08)	−0.04 (0.05)	0.08 (0.06)	−0.08 (0.07)	0.03 (0.04)
情绪症状	−0.13 (0.07)	−0.04 (0.08)	−0.09 (0.07)	−0.05 (0.10)	−0.01 (0.07)	−0.03 (0.07)	0.16 (0.11)	0.07 (0.06)
内部控制点	0.32*** (0.04)	−0.11* (0.05)	−0.09* (0.04)	0.01 (0.06)	0.05 (0.04)	0.02 (0.05)	0.07 (0.06)	−0.00 (0.05)
外部控制点	−0.04 (0.05)	−0.00 (0.07)	−0.00 (0.06)	0.09 (0.06)	0.05 (0.04)	0.02 (0.05)	0.03 (0.06)	0.13 (0.09)
自我效能感	−0.04	−0.12	−0.14** (0.06)	0.13	−0.00	−0.04	0.00	−0.02

续表

变量	平均受教育年限	全日制学生	参与学校相关活动的时间	追求职业发展活动的时间	吸烟	喝酒	不安全性行为	携带武器
主观幸福感	0.00 (0.06)	0.13* (0.07)	0.09 (0.05)	0.15* (0.07)	−0.06 (0.05)	−0.09 (0.06)	0.03 (0.07)	0.07 (0.09)
不耐烦	−0.05 (0.06)	0.07 (0.06)	0.06 (0.05)	−0.05 (0.07)	0.06 (0.05)	0.05 (0.06)	0.04 (0.06)	−0.01 (0.06)
努力工作的信念	−0.19** (0.06)	0.06 (0.06)	0.05 (0.05)	−0.16** (0.06)	−0.02 (0.05)	0.17** (0.06)	−0.07 (0.06)	0.00 (0.06)
常数项	0.02*** (0.01)	0.02*** (0.00)	0.02*** (0.00)	−0.02*** (0.00)	−0.01*** (0.00)	−0.00 (0.00)	−0.01 (0.00)	−0.01* (0.00)
观测值	603	645	645	645	635	623	625	635
R^2	0.44	0.15	0.21	0.10	0.09	0.09	0.11	0.08
受访者数量	396	399	399	399	396	390	391	397

注：我们应用了稳健的标准误差（括号内），并使用整个样本的标准差来标准化系数。星号表示统计显著性：*$p<0.05$，**$p<0.01$，***$p<0.001$。

附录A 统计分析 169

表A.6.3 模型2（个人固定效应模型，迁移意愿）

变量	平均受教育年限	全日制学生	参与学校相关活动的时间	追求职业发展活动的时间	吸烟	喝酒	不安全性行为	携带武器
职业意愿	0.02 (0.06)	0.05 (0.06)	0.02 (0.06)	−0.04 (0.07)	0.11 (0.06)	0.10 (0.07)	0.10 (0.07)	0.03 (0.06)
婚姻状况	0.01 (0.06)	−0.23*** (0.06)	−0.22*** (0.06)	0.01 (0.06)	−0.06 (0.07)	−0.04 (0.05)	0.16* (0.08)	−0.18 (0.10)
是否工作	0.08 (0.06)	−0.12 (0.07)	−0.28*** (0.06)	0.21** (0.07)	0.02 (0.05)	−0.00 (0.06)	0.03 (0.06)	−0.12 (0.07)
经历的冲击数	−0.17* (0.07)	0.03 (0.07)	−0.07 (0.06)	0.06 (0.08)	−0.03 (0.06)	0.07 (0.08)	0.05 (0.08)	0.06 (0.05)
情绪症状	−0.00 (0.07)	−0.11 (0.09)	−0.12 (0.08)	0.04 (0.09)	−0.04 (0.08)	0.01 (0.08)	0.00 (0.11)	0.12 (0.12)
内部控制点	0.29*** (0.05)	−0.08 (0.05)	−0.09 (0.05)	0.00 (0.06)	0.09* (0.04)	0.02 (0.06)	0.11 (0.06)	0.01 (0.05)
外部控制点	−0.03 (0.06)	0.07 (0.08)	0.06 (0.06)	0.09 (0.06)	0.08 (0.06)	0.03 (0.07)	−0.03 (0.07)	0.08 (0.10)
自我效能感	0.00 (0.06)	−0.01 (0.08)	−0.03 (0.06)	0.16* (0.06)	−0.12* (0.06)	−0.03	0.00	0.04

续表

变量	平均受教育年限	全日制学生	参与学校相关活动的时间	追求职业发展活动的时间	吸烟	喝酒	不安全性行为	携带武器
主观幸福感	0.05 (0.06)	0.15 (0.07)	0.08 (0.06)	0.09 (0.07)	-0.06 (0.05)	-0.02 (0.07)	-0.01 (0.09)	0.13 (0.08)
不耐烦	-0.08 (0.07)	0.06 (0.08)	0.09 (0.06)	-0.12 (0.07)	0.09 (0.07)	0.07 (0.08)	0.01 (0.07)	0.11 (0.09)
努力工作的信念	-0.19** (0.07)	-0.03 (0.07)	-0.01 (0.06)	-0.11 (0.06)	0.04 (0.06)	0.18** (0.07)	-0.04 (0.06)	0.04 (0.08)
常数项	-0.01 (0.06)	0.00 (0.07)	0.00 (0.05)	-0.02*** (0.06)	0.04*** (0.05)	0.02*** (0.06)	0.02*** (0.07)	0.01 (0.06)
观测值	(0.01)	(0.00)	(0.00)	(0.00)	(0.00)	(0.00)	(0.00)	(0.00)
R^2	558	596	596	596	586	575	579	587
受访者数量	0.40	0.13	0.21	0.12	0.08	0.08	0.08	0.08
职业意愿	379	385	385	385	381	376	379	382

注：我们应用了稳健的标准误差（括号内）并使用整个样本的标准差未标准化系数。星号表示统计显著性：* $p<0.05$，** $p<0.01$，*** $p<0.001$。

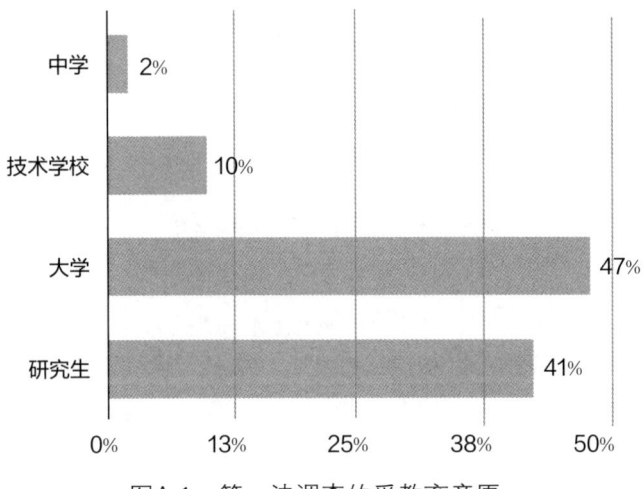

图A.1　第一波调查的受教育意愿

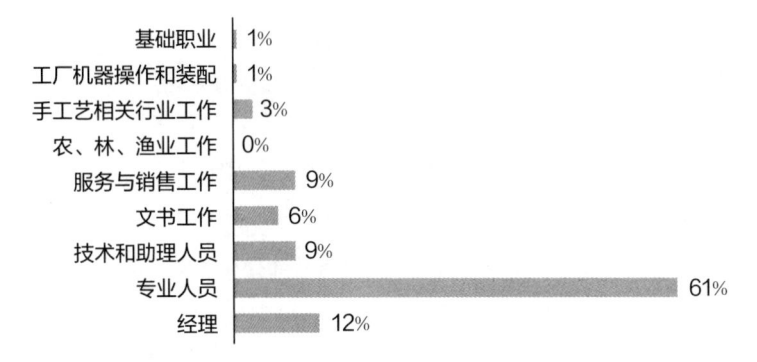

图A.2　第一波调查的职业意愿

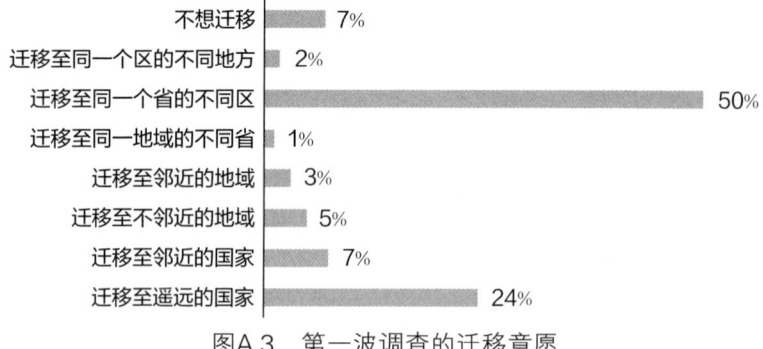

迁移意愿	百分比
不想迁移	7%
迁移至同一个区的不同地方	2%
迁移至同一个省的不同区	50%
迁移至同一地域的不同省	1%
迁移至邻近的地域	3%
迁移至不邻近的地域	5%
迁移至邻近的国家	7%
迁移至遥远的国家	24%

图A.3 第一波调查的迁移意愿

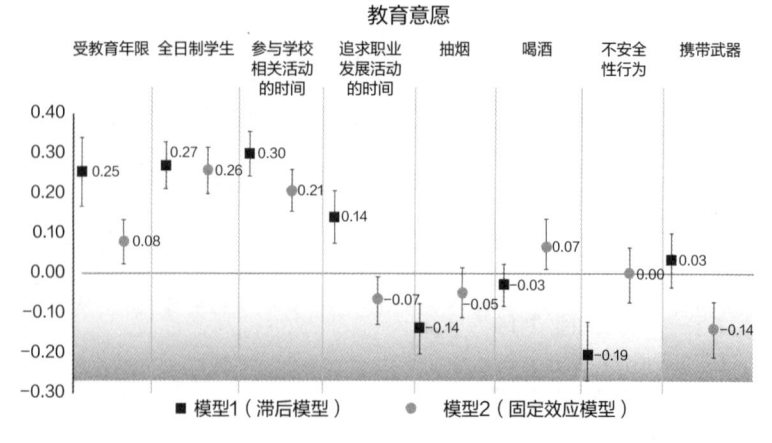

教育意愿

变量	模型1（滞后模型）	模型2（固定效应模型）
受教育年限	0.25	0.08
全日制学生	0.27	—
参与学校相关活动的时间	0.30	0.26
追求职业发展活动的时间	0.21	0.14
抽烟	-0.07	-0.14
喝酒	-0.05	-0.03
不安全性行为	0.07	-0.19
携带武器	0.03	0.00
	—	-0.14

图A.4 模型1（滞后模型）和模型2（固定效应模型）之间的系数

注：我们使用整个样本的标准差对系数进行标准化。模型1控制了性别、经历的冲击数、家庭资产指数，以及以下人格特质：情绪症状、控制点（内部和外部）、自我效能感、主观幸福感、不耐烦和努力工作的信念。模型2控制了婚姻状况、就业状况、经历的冲击数等变量和与模型1相同的人格特质。方块显示系数，条形显示稳健的标准差。

附录B "思考未来"调查

布鲁金斯学会和华盛顿大学圣路易斯分校

受访者指引和同意部分

这项调查由布鲁金斯学会和华盛顿大学圣路易斯分校设计,并由在该地区及周边地区工作多年的NORC调查小组进行。该调查旨在探讨与你同龄的年轻人对未来的期望。正如下面的同意书所述,该调查是完全保密的。我们不会透露你的身份,如果有任何你不喜欢的问题,你不必回答。请在此表格中填写你对问题的回答,如果有任何问题,你可以向NORC团队成员求助。

你的参与将为我们提供非常重要的信息,帮助我们了解像你这样的年轻人生活中不同方面的问题和需求。我们重点关注你对未来的希望和梦想,以及实现这些目标时面临的挑战。填写该表格需要20—25分钟。

希望你给出的答案是真实的,基于你的真实想法或行为。答案没有正确或错误之分。再次强调，如果有你不想回答的问题，可以留白。如果你有不明白的问题或需要帮助，可以询问给你问卷的调查员。

第一部分：家庭
受访者信息

问题一：你是户主吗？ 01=是 02=否	
问题二：你的年龄？	
问题三：你的种族？	
问题四：你的性别？	
问题五：你的出生地是城市还是农村？	
问题六：你在现住地居住了多久？	

如果你不是户主，请回答以下两个问题。

问题七：谁是户主？ 01=父母 02=配偶 03=朋友 04=其他	
问题八：他/她在哪里出生？ 01=同一村镇 02=同省不同地区 03=不同省 04=不同国家	

位置与家庭信息

以下各问题,除非特殊说明,01=是,02=否。

问题一:你在目前的居住地居住了多久?写明具体的年数或者月数。	
问题二:你或者家庭中的其他成员拥有房子(house)/公寓(condo)/活动房屋(mobile home)吗?	
问题三:如果问题二的回答为否,你是否租用现居的房屋?	
问题四:你拥有汽车、卡车或摩托车吗?	
问题五:你目前拥有的大概资产(房、车等)总额是?写明具体数额(美元)。	
问题六:你的资产有抵押贷款吗?	
问题七:你能否通过宽带或者手机访问互联网?	
问题八:你家里有台式电脑或者平板电脑吗?	

父母背景

以下各问题,除非特殊说明,01=是,02=否。

以下各题是关于你的父母	
问题一:你父亲是否健在?	
问题二:你母亲是否健在?	
问题三:你的主要监护人是父母还是其他人? 01=父母 02=其他人	

以下各题是关于你过去的主要监护人

问题四:你的主要监护人是否健在?	
问题五:你与父母或者主要监护人一起居住吗?	

如果问题五的答案为是，请直接跳往问题七。否则，从你停止与父母或主要监护人共同居住时开始计算。

问题六：你多久与他/她/他们联系一次？ 01=每天 02=每周 03=每月 04=每年 05=从未	

以下各题是关于你父母的背景

问题七：你母亲的受教育程度是？ 01=高中及以下 02=高中水平（GED[①]） 03=大学，未毕业 04=大学毕业 05=技术或职业学位 06=研究生	
问题八：你父亲的受教育程度是？ 01=高中及以下 02=高中水平（GED） 03=大学，未毕业 04=大学毕业 05=技术或职业学位 06=研究生	
问题九：你母亲的职业是？写明具体职业。	
问题十：你父亲的职业是？写明具体职业。	

---

① GED（general education development）是美国的一种教育证书，它证明持有者具有相当于美国高中毕业生的教育水平。——译注

第二部分：主观幸福感

最好的生活

这些问题涉及你生活的不同方面。请想象一个有十一级的阶梯。假设第十一级阶梯，位于最顶部，代表你可能的最好的生活，而底部代表你可能的最糟糕的生活。对于每个问题，请在0—10之间选择一个阶梯数。

问题一：当下你会将自己置于何处？	
问题二：你认为10年前你在阶梯上的哪个位置？	
问题三：你认为大约5年后你将位于阶梯上的哪个位置？	

CESD-10[①]

请确定你过去一周有多频繁地感觉到如此，并在对应的格内打钩。

	极少或从不（少于1天）	偶尔（1—2天）	有时（3—4天）	经常（5—7天）
问题一：我被通常不会感到困扰。				
问题二：我难以集中注意力做正在做的事情。				
问题三：我很沮丧。				
问题四：我感觉做每件事都很费力。				

---

① CESD-10是流行病学研究中心抑郁量表，用于评估受试者抑郁情绪。——译注

续表

	极少或从不（少于1天）	偶尔（1—2天）	有时（3—4天）	经常（5—7天）
问题五：我对未来抱有希望。				
问题六：我很恐惧。				
问题七：我睡眠不好。				
问题八：我很开心。				
问题九：我很孤独。				
问题十：我提不起劲来。				

第三部分：教育

目前的教育情况

问题一：你现在的教育状态？ 01=不是学生 02=全职学生 03=兼职学生	
问题二：你的最高学位是？ 01=高中及以下 02=高中毕业或持有GED证书 03=大学，未毕业 04=证书或技术学位 05=副学士学位 06=学士学位 07=研究生或者专业学校	

续表

问题三：你获得最高学位的机构是？ 01＝公立 02＝私立 03＝特许学校或者其他

教育成本

问题一：过去一年，你在学费、杂费和其他教育支出（如书籍费）上大概支出多少？（美元）
问题二：你在通勤和设备（如电脑）上的额外支出大概是多少？（美元）
问题三：你怎么支付你的教育费用（选择所有适用选项）？ 01＝自己的储蓄 02＝父母的储蓄 03＝勤工俭学（包括政府项目） 04＝借款

第四部分：工作、收入与时间使用

工作，第一部分

这部分关于你目前和过去的有偿和无偿工作。

问题一：与你目前的工作状态的描述最符合的是？ 01＝自雇，全职有薪（包括合同工） 02＝自雇，兼职有薪（包括合同工） 03＝全职有薪工作 04＝兼职有薪工作 05＝无业，在求职

续表

06=无业，未求职 07=残疾，无法工作 08=全职主妇/主夫 09=全职照顾某个家人
问题二：你现在有几份工作？ 01=无 02=一份 03=二份 04=三份或更多
问题三：你每周的平均工作时长是？ 01=无 02=少于或等于10小时 03=10—20小时 04=20—40小时 05=大于40小时
问题四：你对你的每周工作计划有多不确定？ 01=很不确定 02=不太确定 03=很确定
问题五：你会打零工吗，比如开网约车（Lyft/Uber）、家庭作坊、亚马逊M-Turk？① 01=总是 02=有时 03=从不

① M-Turk是亚马逊公司推出的一项服务，它是一个全球性众包市场，允许个人或企业发布需要人工完成的任务，并由其他注册用户完成这些任务以获取报酬。——译注

续表

问题六：相较于你的其他工作，这份零工？ 01=薪酬更高 02=更加自由 03=其他情况
问题七：你所有的工作合在一起大概赚了多少钱？ 01=小于或等于5000美元 02=5000—15000美元 03=15000—25000美元 04=25000—40000美元 05=大于40000美元
问题八：你的家庭总收入是否大于你上列的个人总收入？

工作，第二部分

以下各问题，除非特殊说明，01=是，02=否，03=其他。

问题一：你过去12个月是否失业过？
问题二：你在失业时有继续找工作吗？
问题三：你在过去12个月不找工作的原因是（如果问题二回答否，略过此题）？ 01=留在家里照顾孩子/育儿 02=学生 03=残疾/生病 04=没有合适工作 05=疲倦了，或过去尝试过但没有成功 06=在工作中受到恶劣对待

续表

问题四：如果你正在工作，下列描述适用于你现在的工作情况吗？（请选择所有合适选项） 01=收入低 02=工作累 03=过长或无法预计的工作时长 04=离工作地点的距离远或通勤时间过长 05=在工作中受到恶劣对待或歧视 06=无福利（如医疗保险、年假等）	
问题五：过去五年中，你是否接受过至少四天（可以不连续）的工作培训，而且它不是你过去正规教育的一部分？ 01=是 02=否	

时间使用

以下各题是关于你的时间使用。每道题请回答你所使用的小时数。

问题一：你晚上睡几个小时？	
问题二：你一周花多少时间照顾他人（小孩、生病的家人等）？	
问题三：你一周花多少时间做家务（打扫、做饭、购物、维修）？	
问题四：你一周花多少时间赚钱（在家庭之外）？	
问题五：你一周花多少时间在社区服务或者其他形式的志愿服务上？	

续表

问题六：你一周花多少时间上学，包括路上的时间？	
问题七：你一周花多少时间上网，包括打电子游戏？	
问题八：你一周花多少时间见朋友？	
问题九：你一周花多少时间在户外活动上（运动、骑车、散步）？	

第五部分：迁移

以下问题关于你是否考虑搬到其他地方。以下各问题，除非特殊说明，01=是，02=否，03=其他。

问题一：在过去10年，你是否想搬去（在本国或外国的）另外一个城镇、县或者城市？	
问题二：如果你想搬走，你最想去什么地方？ 01=同一县的不同社区 02=同一州的不同县 03=同一地区的不同州 04=沿海的另一州 05=不同国家 06=其他（请说明）	
问题三：如有机会，你搬去其他地方的主要原因是？ 01=更好的工作机会 02=继续受教育 03=更好的公共服务或连接（connectivity）	

续表

04=更少的犯罪和暴力行为 05=其他或相关家庭原因 06=其他	
问题四：你不搬走的主要原因是？请根据重要性选择，不超过三个选项。 01=我在这读书 02=我的社区/家在这里 03=我的家人在这里 04=我在这里很开心 05=我没有足够的技能和财力搬家	

第六部分：情感，意愿与希望

此部分涉及你关于不同事情的看法。这些问题没有对错之分。这里有四个选项：01=很不同意、02=不同意、03=同意、04=很同意、00=不知道。

问题一：我容易交友。	
问题二：我知道我未来的生活会更好。	
问题三：我生命中重要的人告诉我，我会成功。	
问题四：我相信我会实现自己设定的目标。	
问题五：我和父母相处得很好。	
问题六：我总是可以努力解决困难。	

意愿

现在我们会问你对教育的意愿。

问题一：你想达到什么教育水平？ 01=高中或持有GED证书 02=证书或技术学位 03=副学士 04=学士 05=研究生或者专业学校	
问题二：你认为你可以达到你期望的教育水平吗？ 01=是 02=否 03=不知道	
问题三：你实现这个目标的主要障碍是？ 01=缺乏教育/技能 02=经济条件限制 03=缺乏父母的支持 04=缺乏社交网络 05=经常生病 06=新冠疫情带来的不确定性	

希望

此部分问及你对于未来和成果的希望的看法。请根据你对下列说法的同意程度作答：01=很不同意；02=不同意；03=同意；04=很同意；00=不知道。

问题一：我相信我未来可以做我想做的事情。	
问题二：我相信我现在做的事情是在为我未来想做的事情做准备。	
问题三：我相信我未来会成功，即使现在面临一些困难。	
问题四：当我需要指导以实现重要的目标时，有人帮助我。	
问题五：在新冠疫情后你是否仍对未来充满希望。	

第七部分：主观财富

关于现在的居住地

问题一：与你们邻居的家庭相比，你的家庭： 01=收入更高 02=差不多 03=比大部分家庭收入低 04=是收入最低的	

关于你所在的家庭

问题二：以下哪种情况最好地描述了你的家庭财务状况？ 01=富有 02=舒适，勉强过得去 03=不富足，在挣扎 04=穷困	

关于没有预期到的事情

问题三：如果下个月出现财务紧急情况，你有多大的信心你可以拿出2000美元？ 01=我很有信心我可以凑齐2000美元 02=我有可能可以凑齐2000美元 03=我可能无法凑齐2000美元 04=我无法凑齐2000美元

第八部分：婚姻与生活安排
婚配相关信息

问题一：你现在的婚姻状况是？ 01=同居 02=分居 03=已婚 04=丧偶 05=离婚 06=单身

如果你现在或者曾经与某人结婚或同居，请回答下列问题

问题二：你现在或上一个配偶与你住在同一个地方吗？ 01=是的，在同一个地方 02=不是，在其他地方暂住 03=不是，一直在其他地方居住

续表

问题三：你是否有子女？	
问题四：你和他们一起居住吗？ 01=是 02=否	
问题五：你家里一共有几口人？	
问题六：你家里有几个孩子？	

第九部分：健康

健康

下列问题关于你的身体健康。

问题一：总体而言你的健康状况是？ 01=很差 02=差 03=平均水平 04=好 05=很好	
问题二：与你的同龄人相比，你的健康状况是？ 01=差很多 02=差一些 03=差不多 04=好一些 05=好很多	

严重的伤病

问题一：在过去五年，你受过重伤吗？这种事情发生过几次？（严重的受伤是指使你无法正常活动，如上学、工作等，且需要医疗照顾） 01=一次 02=多次	
问题二：在过去五年，你患过重病吗？这种事情发生过几次？（重病是指使你无法正常活动，如上学、工作等，且需要医疗照顾；如哮喘、胃炎、贫血、癫痫等） 01=一次 02=多次	

第十部分：公共服务

这是关于你可以获得的服务。以下各问题，除非特殊说明，01=是，02=否，03=其他。

问题一：你有社会保障卡吗？	
问题二：你有医疗保险吗？	
问题三：如果是，哪种医疗保险？（私人的、来自雇主的、ACA、Medicaid等）	
问题四：下列是一系列政府福利项目。在过去6个月中，你或者你的家庭成员是否参与了其中的某个项目？每个问题，01=是，02=否。	
食品券（SNAP）	
贫困家庭临时援助（TANF）	

续表

公共房屋/房屋选择补助	
妇女、婴儿和儿童特别营养补充计划（WIC）	
开端计划（Head Start）	
政府提供的能源援助计划（LIHEAP）/来自政府的公共事业援助	
失业救济金	
佩尔助学金（佩尔助学金是政府提供的资金，帮助学生支付大学费用）	
社会保障（援助、遗属、退休、残疾等）	
问题五：在过去6个月中，你或者你的家庭成员接受了非营利或者宗教团体的多少次帮助，以解决你们的基本需求（如食物、衣服、住房、金钱或者医疗）？ 01=从未 02=一次 03=两到三次 04=四次或更多 05=不知道	
问题六：在过去6个月中，你或者你的家庭成员享受了多少次EITC（EITC是一种对于中低收入工作者的税收福利）？ 01=从未 02=一次 03=两到三次 04=四次或更多 05=不知道	

第十一部分：社会资本
系统/支持网络

下列问题，01=是；02=否；03=其他。

问题一：假设你需要支持，例如金钱、房屋或者交通。你有没有可以求助的朋友或者家人？	
问题二：你有没有近亲住在附近（不包括家庭内部成员）？	
问题三：总体而言，你是否觉得你可以信任你的邻居？ 01=总是 02=有时候 03=完全不	
问题四：总体而言，你在家附近独自行走时是否感觉安全？ 01=总是 02=有时候 03=完全不	

家庭支持

问题一：哪一位成年人对你的学业帮助最大？ 01=母亲 02=父亲 03=哥哥/姐姐 04=叔伯/姨母 05=祖父母/外祖父母 06=其他，请说明 07=没有人	

续表

问题二：他/她希望你达到什么样的教育水平？ 01=读完今年就不再继续 02=上大学 03=硕士或者博士	

第十二部分：经济变化

以下问题关于你现在的经济情况和为何它在过去两年发生了变化。以下各问题，除非特殊说明，01=是，02=否。

问题一：过去一年，你的家庭是否遭遇过任何犯罪行为的侵害？如遭遇抢劫或入室盗窃。	
问题二：过去一年，你的家庭是否有以下变故？	
父母离世	
父母或者其他家庭成员生病	
离婚，分居或者弃养	
新的家庭成员出生	
儿童入学——需要支付学费	
问题三：除了房租、医疗和照顾儿童的支出之外，以上任一事件是否需要你们去贷款？	
问题四：在过去6个月，你或者你的家庭成员是否遭遇以下情形？	

续表

未预料到的失业（包括受新冠疫情影响）	
未预料到的收入减少（包括受新冠疫情影响）	
你的家庭受新冠疫情影响无法支付账单或者信用卡逾期	
未预料到的房屋、家具和车辆维修	
未预料到的法律支出	
未预料到的医疗支出（例如，住院或者急诊室就诊）	

第十三部分：偏好

时间折扣

下列是一系列假设性陈述。它们是虚构的，但是我们希望你能够把它们当作真实发生那样来回答。每个问题请选择A或者B。

问题一：想象你刚刚中了彩票或者类似的情况，你有两种方式来收款。哪一种你会更喜欢： 方式A：马上获得500美元 方式B：一个月后获得600美元	
问题二：想象你刚刚中了彩票或者类似的情况，你有两种方式来收款。哪一种你会更喜欢： 方式A：马上获得500美元 方式B：一个月后保证获得800美元	

风险偏好

以下是一些描述。请指出你是否同意它们。

	01= 很不同意	02= 不同意	03= 同意	04= 很同意	00= 不知道
问题一：相对于他人，我更喜欢承担风险。					
问题二：获得金钱后，我会很快花掉。					
问题三：我尽量避免思考未来。					

储蓄与借贷

下列问题是关于你的储蓄与借贷决策。以下各问题，除非特殊说明，01=是，02=否，03=其他。

问题一：你现在在银行账户、家里或者其他地方有多少现金？	
问题二：人们出于各种原因（比如关于对未来收入的预测）选择储蓄或者不储蓄。当你做出消费与储蓄的选择时，你会考虑未来吗？	
01=是 02=否，我没有足够的钱 03=否，我不考虑未来	
问题三：你有没有影响储蓄的债务，包括信用卡欠款、学生贷款、从朋友或者家人的借款？	

内部控制点

对以下问题，请指出你是否同意它们。

	01= 很不同意	02= 不同意	03= 同意	04= 很同意	00= 不知道
问题一：当我得偿所愿，往往是因为我努力奋斗。					
问题二：我的生活由自己的行为决定。					
问题三：我觉得我的生活总是由其他更强大的人（比如父母、朋友），或者外部力量决定。					

第十四部分：情感、行为与情绪

情感

第一组问题是关于你和父母或者监护人的关系，以及你对家庭内部事务的看法。请判断每个陈述是否对你来说是："完全正确""部分正确"或者"不正确"。

陈述	完全正确	部分正确	不正确
问题一：你通常觉得可以与父母或监护人谈谈你的看法和意见。			
问题二：大多数时候，当你做错事时，你的父母或监护人会公平地对待你。			

吸烟

以下几个问题是关于吸烟的。

问题一:你有多少个好的朋友一周至少抽一次烟?选择唯一答案。
大部分
小部分
没有
问题二:以下有多少人抽烟?可以选择多个答案。
父母/监护人
兄弟姐妹
男/女朋友
最好的朋友
都没有
问题三:你第一次抽烟时多大?请选择唯一答案。
13岁或以下
14—18岁
从未抽烟

朋友与暴力

我们知道在很多社区,像你这样的年轻人被伤害或者虐待。以下问题是关于你和你的朋友们是否有相关遭遇。

问题一:你有没有被以下人士殴打或者伤害?可以选择多个答案。
家人

续表

男/女朋友或配偶
陌生人
朋友
老师
老板
我从未遭受过殴打或者伤害
问题二：在过去30天，你有多少天曾携带刀或者枪这样的武器，以求自保。选择唯一答案。
1天
2—3天
多于4天
从未
问题三：你有多少好朋友是帮派成员？选择唯一答案。
大部分
小部分
没有
问题四：你曾经加入过帮派吗？选择唯一答案。
有
没有
问题五：你有没有因为犯罪被警察逮捕过？选择唯一答案。
有

续表

没有
问题六：你有没有因为犯罪被判入狱，去教导中心或者做社区服务？选择唯一答案。
有
没有

饮酒

以下问题是关于你的饮酒经验。

问题一：你最好的朋友中有多少会每月至少喝一次酒？选择唯一答案。
大部分
小部分
没有
问题二：你多久喝一次酒？选择唯一答案。
每天
每周
每月
从不
问题三：你喝醉过吗？选择唯一答案。
我从不饮酒
有
没有

毒品

	是的,经常	是的,有时	只有一次	从不	第一次尝试时的年龄(岁)
吸入性药物					
大麻					
阿片类药物					
其他毒品(快克、海洛因、芬太尼等)					

问题一:在生活中,你是否尝试过毒品?如果是,请打×并告知第一次尝试的年龄。

性行为

很多与你同龄的年轻人经常想到性,很多人有过性行为。以下问题是关于性行为和你对它的认知。

问题一:你会去哪里寻求有关性行为的信息?选择唯一答案。
美国计划生育协会或健康中心
药房
我把这个问题留给我的男/女朋友/配偶解决
我对性行为一无所知
不知道

续表

	是	否	我不知道
问题二：女性第一次发生性行为不会怀孕。			
问题三：第一次发生性行为可能会感染艾滋病。			

问题四：你第一次发生性行为的时候多少岁？选择唯一答案。
13—14岁或更小
15—16岁
17—18岁
大于18岁
我没有过性行为
问题五：你上一次发生性行为有没有做避孕措施？选择唯一答案。
我没有过性行为
我使用了避孕套
我使用了避孕药
我使用了其他避孕方法
我没有使用避孕方法
我不知道避孕的方法
问题六：你有没有在不想要的时候进行性行为？选择唯一答案。
是的，一次
是的，多次
没有

悲伤

这一部分问题关注悲伤和其他许多人在生活中所面临的困难。当你回答时,回忆过去6个月发生的事情。即使你不确定答案,或者觉得问题有些愚蠢,也请尽量回答所有问题。

答案	完全正确	部分正确	不正确
问题一:你经常焦虑。			
问题二:你经常头痛、胃痛或者生病。			
问题三:你经常不开心、心灰意冷或者悲伤。			
问题四:你自新冠疫情暴发以来更焦虑。			

开心

最后一部分问题是关于什么可以使你开心。

问题一:什么使你开心?可以选择多个答案。
和朋友在一起
和家人在一起
做一些锻炼(踢足球、跳舞等)
其他,请说明

感谢你的参与。

调查员填写

基本信息

调查地点	
调查时间	
调查员信息	

调查员：我声明我已遵守前文中告知青少年的同意程序	
姓名：	签名：
身份证号：	时间： 年 月 日
	结束时间： 点 分

时间： 年 月 日	开始时间：	点 分
年龄：	性别：	☐女性 ☐男性

参考文献

Abler, Laurie et al. 2017. "Hope Matters: Developing and Validating a Measure of Future Expectations among Young Women in a High HIV Prevalence Setting in Rural South Africa (HPTN 068)." *AIDS and Behavior* 21 (7): 2156.

Aizer, A., Eli, S., Ferrie, J., and Lleras-Muney, A. 2016. "The Long-Run Impact of Cash Transfers to Poor Families." *American Economic Review* 106 (4): 935–71.

Almlund, M., Duckworth, A. L., Heckman, J., and Kautz, T. 2011. "Personality Psychology and Economics." In *Handbook of the Economics of Education*. Vol. 4, 2011, North Holland.

Alos-Ferrer, C. 2018. "A Review Essay on Social Neuroscience: Can Research on the Social Brain and Economics Inform Each Other?" *Journal of Economic Literature* 56 (1): 234–64.

Amabile, T. and Pratt, M. 2016. "The Dynamic Componential Model of Creativity and Innovation in Organizations: Making Progress, Making Meaning." *Research in Organizational Behavior* 36: 157–83.

Andrade-Chaico, F. and Andrade-Arenas, L. 2019. "Projections on Insecurity, Unemployment and Poverty and Their Consequences in Lima's District San Juan de Lurigancho in the Next 10 years." *IEEE Sciences and Humanities International Research Conference*: 1–4.

Appadurai, A. 2004. "The Capacity to Aspire: Culture and the Terms of Recognition." In *Culture and Public Action*, edited by V. Rao and M. Walton, 59–84. Stanford:

Stanford University Press.

Ashraf, Q. and Galor, O. 2013. "The Out of Africa Hypothesis, Human Genetic Diversity and Comparative Economic Development." *American Economic Review* 102: 1–46.

Assari, S. 2017. "General Self-Efficacy and Mortality: Racial and Ethnic Differences in the U.S.A." *Journal of Racial-Ethnic Health Disparities* 4 (4).

Assari, S., Gibbons, F., and Simons, R. 2018. "Depression among Black Youth: The Intersection of Race and Place." *Brain Sciences* 108 (8).

Atkinson, R., Muro, M., and Whiton, J. 2019. "The Case for Growth Centers: How to Spread Tech Innovation across America," Brookings Institution Report, Washington, D.C. December.

Baird, S., de Hoop, J., and Özler, B. 2013. "Income Shocks and Adolescent Mental Health." *Journal of Human Resources* 48 (2): 370–403.

Bandura, A., Barbaranelli, C., Caprara, G. V., and Pastorelli, C. 2001. "Self-Efficacy Beliefs as Shapers of Children's Aspirations and Career Trajectories." *Child Development* 72 (1): 187–206.

Beal, S. J. and Crockett, L. J. 2010. "Adolescents' Occupational and Educational Aspirations and Expectations: Links to High School Activities and Adult Educational Attainment." *Developmental Psychology* 46 (1): 258–65.

Beaman, L., Duflo, E., Pande, R., and Topalova, P. 2012. "Female Leadership Raises Aspirations and Educational Attainment for Girls: A Policy Experiment in India." *Science* 335 (6068): 582–86.

Benjamin, D. J., Cesarini, D., Chabris, C. F., Glaeser, E. L., Laibson, D. I., Gunason, V., and Lichtenstein, P. 2012. "The Promises and Pitfalls of Genoeconomics." *Annual Review of Economics* 4.

Bernard, T., Dercon, S., Orkin, K., and Taffesse, A. 2014. "The Future in Mind: Aspirations and Forwardlooking Behaviour in Rural Ethiopia." *CSAE Working Paper Series*. 2014–16.

Bernard, T. and Taffesse, A. 2014. "Aspirations: An Approach to Measurement with

Validation Using Ethiopian Data." *Journal of African Economies* 23 (2): 189–224.

———. 2012. "Measuring Aspirations: Discussion and Example from Ethiopia," International Food Policy Research Institute Discussion Paper.

Blakemore, S. J. and Mills, K. L. 2014. "Is Adolescence a Sensitive Period for Sociocultural Processing?" *Annual Review of Psychology* 65 (1): 187–207.

Blanchflower, D. and Bryson, A. 2021. "Biden, COVID and Mental Health in America." Working Paper 29040. National Bureau of Economic Research.

Blanchflower, D. and Graham, C. 2021. "The Mid-Life Dip in Well-Being: A Critique." *Social Indicators Research* 161 (August): 287–344.

Blanchflower, D. and Oswald, A. 2019. "Unhappiness and Pain in America: A Review Essay, and Further Evidence, on Carol Graham's *Happiness for All?*" *Journal of Economic Literature* 57 (2): 385–402.

Blum, R. and Boyden, J. 2018. "Understand the Lives of Youth in Low-Income Countries." *Nature* 554 (7693): 435–37.

Bonney, S. and Stickley, T. 2008. "Recovery and Mental Health: A Review of the British Literature." *Journal of Psychiatric and Mental Health Nursing* 15 (2): 140–53.

Borghans, L., Duckworth, A., Heckman, J., and Ter Weel, B. 2008. "The Economics and Psychology of Personality Traits." *Journal of Human Resources* 43 (4).

Brickman, P. and Campbell, D. 1971. "Hedonic Relativism and Planning the Good Society." In *Adaptation Theory: A Symposium*, edited by M. Apley. New York: Academic Press.

Brooks, A. 2021. "The Difference Between Hope and Optimism." *The Atlantic*, September.

Burtless, G. 2009. "Demographic Transformation and Economic Inequality." In *The Oxford Handbook of Economic Inequality*, edited by W. Salverda, B. Nolan, and T. Smeeding, 435–54. Oxford: Oxford University Press.

Case, A. and Deaton, A. 2015. "Rising Morbidity and Mortality in Midlife among White Non-Hispanic Americans in the 21st Century." *Proceedings of the National Academy of Sciences* 112 (49): 15078–15083.

Case, A., Deaton, A., and Stone, A. 2020. "Decoding the Mystery of American Pain Reveals Warning for the Future." *Proceedings of the National Academy of Sciences* 117 (40): 24785–24789.

Caspi, A. et al. 2003. "Influence of Life Stress on Depression: Moderation by a Polymorphism in the 5-HTT Gene." *Science* 301.

Cherlin, A. 2019. "In the Shadow of Sparrows Point: Racialized Labor in the White and Black Working Classes." Russell Sage Working Paper, New York, October.

Clark, A. E. 2019. "Born to Be Mild? Cohort Effects Don't (Fully) Explain Why WellBeing Is U-Shaped in Age." In *The Economics of Happiness: How the Easterlin Paradox Transformed Our Understanding of Well-Being and Progress*, edited by M. Rojas, 387–408. Cham, Switzerland: Springer.

Clark, C., Fleche, S., Layard, R., Powdthavee, N., and Ward, G. 2018. *The Origins of Happiness: The Science of Well-Being over the Life Course*. Princeton, NJ: Princeton University Press.

Clark, D. 2018. "Realizing the Mass Public Benefits of Evidence-Based Psychological Therapies: The IAPT Program." *Annual Review of Clinical Psychology* 14: 159–83.

Copeland, W., Gaydosh, Hill, S., Godwin, J., Mullan Harris, S., Costello, J., and Shanahan, L. 2020. "Associations of Despair with Suicidality and Substance Misuse Among Young Adults." *JAMA Network Open* 3 (6).

Cotofan, M., DeNeve, J. E., Goin, M., Katz, M., and Ward, G. 2021. "Work and WellBeing during COVID-19: Impact, Inequalities, Resilience, and the Future of Work." *World Happiness Report 2021*. Sustainable Development Network.

Dalton, P. S., Ghosal, S., and Mani, A. 2016. "Poverty and Aspirations Failure." *Economic Journal* 126 (590): 165–88.

DaSilva, J. 2021. *We're Still Here: Pain and Politics in the Heart of America*. Oxford: Oxford University Press.

Dasey, J. 2018. "The U.K. Now Has a Minister of Loneliness: Here's Why It Matters." *Smithsonian Magazine*, January 19.

Davis, L. and Wu, S. 2014. "Social Comparisons and Life Satisfaction across Racial and

Ethnic Groups: The Effects of Status, Information, and Solidarity." *Social Indicators Research* 117: 849–69.

Deci, E. M. and Ryan, R. M. 1985. *Intrinsic Motivation and Human Behavior*. New York: Plenum.

De Neve, J. E., Christakis, N., Fowler, J., and Frey, B. 2012. "Genes, Economics, and Happiness." *Journal of Neuroscience, Psychology, and Economics* 5 (4): 193–211.

De Neve, J. E., and Oswald, A. E. 2012. "Estimating the Influence of Life Satisfaction and Positive Affect on Later Income Using Sibling Fixed Effects." *Proceedings of the National Academy of Sciences* 109 (49).

Dercon, S. and Singh, A. 2013. "From Nutrition to Aspirations and Self-Efficacy: Gender Bias over Time among Children in Four Countries." *World Development* 45 (71).

Diener, E., Suh, E. M., Lucas, R. E. and Smith, H. L. 1999. "Subjective Well-Being: Three Decades of Progress." *Psychological Bulletin* 125: 276–302.

Dieter, W., Copeland, W., Angold, A., and Costello J. E. 2013. "Impact of Bullying in Childhood on Adult Health, Wealth, Crime, and Social Outcomes." *Psychology Science* 24 (10): 1958–70.

Dobson, E., Graham, C., and Dodd, E. 2021. "When Public Health Crises Become Entwined: How Trends in COVID-19, Deaths of Despair, and Well-Being Track across the U.S.A." *Annals of the American Academy of Political and Social Science* 698.

Dobson, E., Graham, C., Hua, T., and Pinto S. 2022. "Despair and Resilience in the U.S.: Did the COVID Pandemic Worsen Mental Health Outcomes?" Brookings Institution Report, April 2022.

Easterlin, A. R., McVey, M., Switek, M., Sarafanga, O., and Smith-Ryan, J. 2010. "The Happiness-Income Paradox Re-Visited." *Proceedings of the National Academy of Sciences* 107 (52): 22463–22468.

Edsall, T. 2021a. "White Riot." *New York Times*, January 13.

——. 2021b. "How the Storming of the Capitol Became a 'Normal Tourist Visit,'" *New*

York Times, May 19.

Eyre, Harris et al. 2021. "Build Brains Better: A Proposal for a White House Brain Capital Council to Accelerate Post-Covid Recovery and Resilience." *Brookings Institution Report*. Washington, D.C. (December).

Feuer, A. 2021. "Fears of White People Losing Out Permeate Capitol Rioters' Towns, Study Finds." *New York Times*, April 6.

Figlio, D., Giuliano, P., Özek, U., and Sapienza, P. 2019. "Long-Term Orientation and Educational Performance." *American Economic Journal: Economic Policy* 11 (4): 272–309.

Ford, T. 2022. "Trying to Make a Change: How Black Middle-Class Women Support Their Own Wellbeing in the United States." *Ethnicity and Health*.

Forget, E. L. 2011. "The Town with No Poverty: The Health Effects of a Canadian Guaranteed Annual Income Field Experiment." *Canadian Public Policy* 37 (3): 283–305.

Frederick, S. W. and Loewenstein, G. 1999. "Hedonic Adaptation." In *Well-Being: The Foundations of Hedonic Psychology*, edited by D. Kahneman, E. Diener, and N. Schwarz, 302–29. New York: Russell Sage Foundation.

Frey, B. and Stutzer, A. 2002. "What Can Economists Learn from Happiness Research?" *Journal of Economic Literature* 40 (2): 402–35.

Fruttero, A., Muller, N., and Calvo-Gonzalez, O. "The Power and Roots of Aspirations: A Survey of the Empirical Evidence." Policy Research Working Paper Series 9729, The World Bank.

Gallagher, M., Long, L., and Phillips, C. 2020. "Hope, Optimism, Self-Efficacy, and Posttraumatic Stress Disorder: A Meta-Analytic Review of the Protective Effects of Positive Expectancies." *Journal of Clinical Psychology* 76 (3): 329–355.

Galor, O., and Özak, Ö. 2016. "The Agricultural Origins of Time Preference." *American Economic Review* 106 (10): 3064–3103.

Genicot, G. and Ray, D. 2017. "Aspirations and Inequality." *Econometrica* 85 (2): 489–519.

Goodman, R. 1997. "The Strengths and Difficulties Questionnaire: A Research Note." *Journal of Child Psychology and Psychiatry* 38 (5): 581–86.

Gottfredson, L. S. 2002. "Gottfredson's Theory of Circumscription, Compromise, and Self-Creation." In *Career Choice and Development*, edited by D. Brown, 85–148. San Francisco: Jossey-Bass.

Gottfredson, L. S. 2002a. "g: Highly General and Highly Practical." In *The General Factor of Intelligence: How General Is It?* Edited by R. J. Sternberg and E. L. Grigorenko, 331–380. Mahwah, NJ: Erlbaum.

Gould, E. 2021. "Torn Apart? The Impact of Manufacturing Employment Decline on Black and White Americans." *Review of Economics and Statistics* 103 (4): 770–85.

Graham, C. 2011. "Adaptation amidst Prosperity and Adversity: Insights from Happiness Studies from around the World." *World Bank Research Observer* 26 (1): 105–37.

———. 2009. *Happiness around the World: The Paradox of Happy Peasants and Miserable Millionaires*. Oxford: Oxford University Press.

———. 2017. *Happiness for All? Unequal Hopes and Lives in Pursuit of the American Dream*. Princeton, NJ: Princeton University Press.

———. 2020. "The Human Costs of the Pandemic: Is It Time to Prioritize Well-Being?" Brookings Institution.

Graham, C., Chung, Y., Grinstein-Weiss, M., and Roll, S. 2022. "Well-Being and Mental Health amid COVID-19: Differences in Resilience across Minorities and Whites." *PLOS One*.

Graham, C., Eggers, A., and Sukhtankar, S. 2004. "Does Happiness Pay? An Exploration Based on Panel Data from Russia." *Journal of Economic Behavior and Organization* 55 (3): 319–42.

Graham, C., and MacLennan, S. 2020. "Policy Insights from the New Science of Well-Being." *Behavioral Science and Policy* 6 (1).

Graham, C. and Nikolova, M. 2015. "In Transit: The Well-Being of Migrants from Transition and Post-Transition Countries." *Journal of Economic Behavior &*

Organization 112 (C): 164–86.

Graham, C. and Pettinato, S. 2002. *Happiness and Hardship: Opportunity and Insecurity in New Market Economies*. Washington DC: The Brookings Institution Press.

Graham, C. and Pinto, S. 2019. "Unequal Hopes and Lives in the USA: Optimism, Race, Place, and Premature Mortality." *Journal of Population Economics* 32: 665–733.

——. 2021. "The Geography of Desperation in America: Labor Force Participation, Mobility, Place, and Well-Being." *Social Science and Medicine* 270 (113612).

Graham, C. and Ruiz-Pozuelo, J. 2022. "Do High Aspirations Lead to Better Outcomes? Evidence from a Longitudinal Survey of Adolescents in Peru." *Journal of Population Economics*.

Gustavson, K., von Soest, T., Karevold, E., and Røysamb, E. 2012. "Attrition and Generalizability in Longitudinal Studies: Findings from a 15-Year Population-Based Study and a Monte Carlo Simulation Study." *BMC Public Health* 12 (1): 1–11.

Hall, C., Zhao, J., and Shafir, E. 2013. "Self-Affirmation among the Poor: Cognitive and Behavioral Implications." *Psychological Science* 25 (2): 619–25.

Haushofer, J. and Fehr, E. 2014. "On the Psychology of Poverty." *Science* 344 (6186): 862–67.

Hayes, S. C. 2007. *ACT in Action DVD series*. Oakland, CA: New Harbinger.

Heckman, J. and Kautz, T. 2012. "Hard Evidence on Soft Skills." *Labour Economics* 19 (4): 451–64.

Helliwell, J., Huang, H., and Wang, S. 2018. "New Evidence on Trust and WellBeing." In *Oxford Handbook of Social and Political Trust*, edited by Eric M. Uslaner, 409. Oxford: Oxford Handbooks.

Herrin, J., Witters, D., Roy, B., Riley, C., Liu, D., and Krumholz, H. M. 2018. "Population Well-Being and Electoral Shifts." *PLOS One* 13 (3).

Hill, F. 2021. *There is Nothing for You Here: Finding Opportunity in the 21st Century*. New York: HarperCollins.

Hofstede, G. 2001. *Culture's Consequences: Comparing Values, Behaviors, Institutions, and Organizations across Nations*. London: Sage Publications.

Hothshild, A. 2016. *Strangers in Their Own Land*. New York: New Press.

Hoxby, C. 2021. "Advanced Cognitive Skill Deserts in the U.S.: Their Likely Causes and Implications." *Brookings Papers on Economic Activity*. March.

Hufe, P., Kanbur, R., and Peichle, A. "Measuring Unfair Inequality: Reconciling Equality of Opportunity and Freedom from Poverty." *Review of Economic Studies* 1: 1–36.

International Labour Office. *International Standard Classification of Occupations: ISCO-08*. Geneva.

Isenberg, N. 2017. *White Trash: The 400 Year-Untold Story of Class in America*. New York: Penguin-Random House Books.

Jensen, R. 2010. "The (Perceived) Returns to Education and the Demand for Schooling." *Quarterly Journal of Economics* 125 (2): 515–48.

Joe, S., Baser, R., Neighbors, H., Caldwell, C., and Jackson, J. 2009. "12-Month and Lifetime Prevalence of Suicide Attempts among Black Adolescents in the National Survey of American Life." *Journal of the American Academy of Child and Adolescent Psychiatry* 48 (3): 271–82.

Kahneman D. and Deaton A. 2010. "High Income Improves Evaluation of Life but Not Emotional Well-Being." *Proceedings of the National Academy of Sciences of the United States of America* 107 (38): 16489–16493.

Kanazawa, S. and Lopez, T. 2021. "Why Amish Babies Don't Cry and the Danes Are the Happiest People: The Selective Outmigration by Personality Type Hypothesis." Working Paper, *London School of Economics*.

Kaufman, J. and Sternberg, R., eds. 2019. *The Cambridge Handbook of Creativity*, 2nd ed., Cambridge Handbooks in Psychology. Cambridge: Cambridge University Press.

Kaufman, S. B. 2021. "The Opposite of Toxic Positivity." *The Atlantic*, August.

Kerpelman, J. L., Eryigit, S., and Stephens, C. J. 2008. "African American Adolescents' Future Education Orientation: Associations with Self-Efficacy, Ethnic Identity, and Perceived Parental Support." *Journal of Youth and Adolescence* 37 (8): 997–1008.

Kessler, R. C., Berglund, P., Demler, O., Jin, R., Merikangas, K. R., and Walters, E. E.

2005. "Lifetime Prevalence and Age-of-Onset Distributions of DSM-IV Disorders in the National Comorbidity Survey Replication." *Archives of General Psychiatry* 62 (6): 593–602.

Kokuban, K., Nemoto, N., and Yamakawa, Y. 2022. "Brain Conditions Mediate the Association Between Age and Happiness." *Scientific Reports*.

Krekel, C., De Neve, J. E., Fancourt, D., and Layard, R. 2021. "A Local Community Course That Raises Wellbeing and Pro-Sociality: Evidence from a Randomized Controlled Trial." *Journal of Economic Behavior and Organization* 188: 322–36.

Kubzansky L. D., Winning A., and Kawachi, I. 2014. "Affective States and Health." In *Social Epidemiology: New Perspectives on Social Determinants of Global Population Health*, edited by L. F. Berkman, M. M. Glymour, and I. Kawachi, 2nd edition. New York: Oxford University Press.

La Ferrara, E., Chong, A., and Duryea, S. 2012. "Soap Operas and Fertility: Evidence from Brazil." *American Economic Journal: Applied Economics* 4 (4): 1–31.

Layard, R. 2005. *Happiness: Lessons from a New Science*. London: Penguin Books.

Lerner, M. 1982. *The Belief in a Just World: A Fundamental Disillusion*. New York: Plenum Press.

Levelling Up the United Kingdom. London: U.K. Government, Department of Levelling Up, Housing, and Communities.

Levenson, H. 1974. "Activism and Powerful Others: Distinctions within the Concept of Internal-External Control." *Journal of Personality Assessment* 38 (4): 377–83.

Liberini, F., Redoano, M., and Proto, E. 2017. "Happy Voters." *Journal of Public Economics* 146 (C): 41–57.

Lister, C., O'Keefe, M., Salunkhe, S., and Edmonds, T. 2021. "Cultural Well-Being Index: A Dynamic Cultural Analytics Process for Measuring and Managing Organizational Inclusion as an Antecedent Condition of Employee Well-Beingand Innovation Capacity." *Journal of Organizational Psychology*.

Lordon, G. and McGuire, A. 2019. "Widening the High School Curriculum to Include Soft Skill Training: Impacts on Health, Behaviour, Emotional Wellbeing and

Occupational Aspirations." *Centre for Economic Performance Discussion Papers* 1360.

Lybbert, T. and Wydick, B. 2018. "Poverty, Aspirations, and the Economics of Hope." *Economic Development and Cultural Change* 66 (2).

Machia, L. and Oswald, A. 2021. "Physical Pain, Gender, and the State of the Economy in 146 Nations." *Social Science and Medicine* 287.

Mahler, A., Simmons, C., Frick, P. J., Steinberg, L., and Cauffman, E. 2017. "Aspirations, Expectations and Delinquency: The Moderating Effect of Impulse Control." *Journal of Youth and Adolescence* 46 (1): 1503–14.

Malecot, G. 1959. "Les Modeles Stochastiques Genetique de Population." Pub. Inst. Statist. Univ. of Paris, 8: 173–210.

Mann, M. 2004. "Self-Esteem in a Broad-Spectrum Approach for Mental Health Promotion." *Health Education Research* 19 (4): 357–72.

Marziller, J. and Hall, J. 2009. "The Challenge of the Layard Initiative." *The Psychologist* 22: 396–99.

Mastrangelo, D. 2021. "Negative Emotions Hit Record High in 2020." *The Hill*, July 20.

McGrath, R. E., Brown, M., Westrich, B., and Han, H. 2021. "Representative Sampling of the VIA Assessment Suite for Adults." *Journal of Personality Assessment* 104 (3): 380–94.

McIntosh, R., Ironson, G., and Kraus, N. 2021. "Keeping Hope Alive: Racial-Ethnic Disparities in Distress Tolerance Are Mediated by Religion/Spirituality Among African Americans." *Journal of Psychosomatic Research* 114.

Meadows Mental Health Policy Institute. 2020. "COVID-19 Briefing: Modeling the Effects of Collaborative Care and Medication-Assisted Treatment to Prevent COVID-Related Suicide and Overdose Deaths."

Medina, Richard et al. 2018. "The Geographies of Hate in America: A Regional Analysis." *Annals of American Association of Geographers* 108 (4).

Menninger, K. 1930. *The Human Mind*. New York: Alfred A. Knopf.

Montgomery, M. 2022. "The Gender Gap in Happiness." *Journal of Economic Behavior and Organization.*

Mullainathan, S. and Shafir, E. 2013. Scarcity: *The New Science of Having Less and How It Defines Our Lives*. New York: Henry Holt.

Nei, M. 1972. "Genetic Distance Between Populations." *American Naturalist* 106 (949): 283–92.

Nikolova, M. and Cnossen, F. 2022. "What Makes Work Meaningful and Why Economists Should Care about It." *Labour Economics*.

Nikolova, M., and Graham, C. 2022. "The Economics of Happiness." In *Handbook of Labor, Human Resources and Population Economics*, edited by K. F. Zimmerman. Cham, Switzerland: Springer International Publishing.

O'Connor, K. and Graham, C. 2019. "Longer, More Optimistic, Lives: Historic Optimism and Life Expectancy in the United States." *Journal of Economic Behavior and Organization* 168: 374–92.

Odermatt, R. and Stutzer, A. 2019. "(Mis-)Predicted Subjective Well-Being Following Life Events." *Journal of the European Economics Association* 17 (1).

O'Donnell, G. and Oswald, A. 2015. "National Well-Being Policy and a Weighted Approach to Human Feelings." *Ecological Economics* 120: 59–70.

OECD. 2016. *PISA 2015 Results (Volume I): Excellence and Equity in Education*. PISA, OCED Publishing.

Okamoto, K., Ohsuka, K., Shiraishi, T., Hukazawa, E., Wakasugi, S., and Furuta, K. 2002. "Comparability of Epidemiological Information between Self- and Interviewer-Administered Questionnaires." *Journal of Clinical Epidemiology* 55 (5): 505–11.

Ong, A., Bergeman, A. S., Bisconti, T., and Wallace, K. 2006. "Psychological Resilience, Positive Emotions, and Successful Adaptation to Stress in Later Life."*Journal of Perspectives on Psychological Science* 91 (4): 730–49.

Pew Charitable Trusts. 2017. *How Income Volatility Interacts with American Families' Financial Security: An Examination of Gains, Losses, and Household Economic Experiences.*" Report.

Piazza, J. 2015. "The Determinants of Right-Wing Terrorism in the U.S.A.: Economic Grievance, Societal Change and Political Resentment." *Conflict Management and Peace Science* 34 (1): 52–80.

Pinto, S., Bencsik, P., Chuluun, C., and Graham, C. 2020. "Presidential Elections, Divided Politics, and Happiness in the U.S.A." *Economica* 88 (349): 189–207.

Piper, A. 2022. "Optimism, Pessimism and Life Satisfaction: An Empirical Investigation." *International Review of Economics* 69: 177–208.

Pleeging, E., Burger, M., and Van Exel, J. 2021. "The Relations between Hope and Subjective Well-Being: A Literature Overview and Empirical Analysis." *Applied Research on Quality of Life Studies* 16: 1019–1041.

Powell-Jackson, T., Pereira, S. K., Dutt, V., Tougher, S., Haldar, K., and Kumar, P. 2016. "Cash Transfers, Maternal Depression and Emotional Well-Being: Quasi-Experimental Evidence from India's Janani Suraksha Yojana Program." *Social Science & Medicine* 162: 210–18.

Proto, E. and Oswald, A. 2016. "National Happiness and Genetic Distance: A Cautious Exploration." *Economic Journal* 127: 2127–2152.

Putnam, R. 2015. *Our Kids: The American Dream in Crisis*. New York: Simon and Schuster.

Quinones, S. 2015. *Dreamlands: The True Tale of America's Opiate Epidemic*. New York: Bloomsbury.

Ramchad, R., Gordon, J., and Pearson, J. 2021. "Trends in Suicide by Race and Ethnicity in the United States." *JAMA Network Open 4* (5).

Rauch, J. 2021. *The Constitution of Knowledge: A Defense of the Truth*. Washington, DC: The Brookings Institution Press.

Ray, D. 2006. "Aspirations, Poverty, and Economic Change." In *Understanding Poverty*, edited by A. Banerjee, D. Mookherjee, and R. Benabou. Oxford: Oxford University Press.

———. 2016. "Aspirations and the Development Treadmill." *Journal of Human Development and Capabilities* 17 (3): 309–23.

Reeves, R. 2018. *Dream Hoarders*. Washington, DC: Brookings Institution Press.

Robert Wood Johnson Foundation. 2014. *Commission to Build a Healthier America*. Princeton: RWJF.

Ross, P. H. 2019. "Occupation Aspirations, Education Investment, and Cognitive Outcomes: Evidence from Indian Adolescents." *World Development* 123.

Ruiz Pozuelo, J., Desborough, L., Stein, A., and Cipriani, A. 2021. "Systematic Review and Meta-Analysis: Depressive Symptoms and Risky Behaviours among Adolescents in Low- and Middle-Income Countries." *Journal of the American Academy of Child and Adolescent Psychiatry* 61 (2): 255–76.

Ryon, H. S. and Gleason, M. 2014. "The Role of Locus of Control in Daily Life." *Personality and Social Psychology Bulletin* 40 (1): 121–31.

Safford, V. 2004. "The Gates of Hope." *The Nation*, September 20.

Sawhill, I. 2019. *The Forgotten Americans*. New Haven, CT: Yale University Press.

Sawyer, S. M., Afifi, R. A., Bearinger, L. H., Blakemore, S. J., Dick, B., Ezeh, A. C., and Patton, G. C. 2012. "Adolescence: A Foundation for Future Health." *The Lancet* 379 (9826): 1630–1640.

Schmid, K. L., Phelps, E., and Lerner, R. M. 2011. "Constructing Positive Futures: Modeling the Relationship between Adolescents' Hopeful Future Expectations and Intentional Self-Regulation in Predicting Positive Youth Development. *Journal of Adolescence* 34 (6): 1127–1135.

Schrank, B., Hayward, M., Stanghelli, G., and Davidson, L. 2011. "Hope in Psychiatry." *Advances in Psychiatric Treatment* 17 (3): 227–35.

Schrank, B., Stanghellini, G., and Slade, M. 2008. "Hope in Psychiatry: A Review of the Literature." *Acta Psychiatrica Scandinavica* 118 (6): 421–33.

Schwandt, H. 2016. "Unmet Aspirations as an Explanation for the U-Curve." *Journal of Economic Behavior and Organization* 122: 71–87.

Schwarzer, R. and Jerusalem, M. 1995. "Generalized Self-Efficacy Scale." In *Measures in Health Psychology: A User's Portfolio. Causal and Control Beliefs*, edited by J. Weinman, S. Wright, and M. Johnston, 35–37. Windsor, U.K.: NFER-NELSON.

Sebastian, C., Burnett, S., and Blakemore, S. J. 2008. "Development of the SelfConcept during Adolescence." *Trends in Cognitive Sciences* 12 (11): 441–46.

Sipsma, H. L., Ickovics, J. R., Lin, H., and Kershaw, T. S. 2013. "The Impact of Future Expectations on Adolescent Sexual Risk Behavior." *Journal of Youth and Adolescence* 44 (1): 170–83.

Snyder, C. R. 2000. *The Handbook of Hope: Theory, Measures, and Applications*. North Holland, Amsterdam: Elsevier Science and Technology.

Steinberg, L. 2004. "Risk Taking in Adolescence: What Changes, and Why?" *Annals of the New York Academy of Science* 1021 (1): 51–58.

Steptoe, A. and Wardle, J. 2001. "Locus of Control and Health Behaviour Revisited: a Multivariate Analysis of Young Adults from 18 Countries." *British Journal of Psychology* 92 (4): 659–72.

Stone, A. A. and Mackie, C., eds. 2013. *Subjective Well-Being: Measuring Happiness, Suffering, and Other Dimensions of Experience*. Washington DC: National Academies Press.

UNESCO. 2018. *Accountability in Education: Meeting Our Commitments*. New York: UNESCO Global Education Report Series.

Unützer, J., Harbin, H., Schoenbaum, M., and Druss, B. 2013. *The Collaborative Care Model: An Approach for Integrating Physical and Mental Health Care in Medicaid Health Homes*. Health Home Information Resource Center.

Vance, J. D. 2016. *Hillbilly Elegy: A Memoir of a Family and Culture in Crisis*. New York: Harper Collins.

Weiss, A., King, J. E., Inoue-Murayama, M., Matsuzawa, T., and Oswald, A. 2012. "Evidence for a Midlife Crisis in Great Apes Consistent with the U-Shape in Human Well-Being." *Proceedings of the National Academy of Sciences* 109 (49): 19949–19952.

Woolridge, J. M. 2010. *Econometric Analysis of Cross Section and Panel Data*. Cambridge, MA: MIT Press.

Yamada, G. 2006. "Retornos a la Educación Superior en el Mercado Laboral: ¿Vale la

Pena el Esfuerzo?" Centro de Investigación, Universidad Del Pacífico in Lima, Peru. Working Papers 06–13.

Young, H. P. 1998. *Individual Strategy and Social Structures: An Evolutionary Theory of Institutions*. Princeton, NJ: Princeton University Press.

Young, S. G. and McGrath, R. E. 2020. "Character Strengths as Predictors of Trust and Cooperation in Economic Decision-Making." *Journal of Trust Research* 10 (2): 159–79.

Youngblood, M. 2020. "Extremist Ideology as Complex Contagion: The Spread of Far-Right Radicalization in the United States between 2005–2017." *Humanities and Social Sciences Communications* 7 (49).